GOURMET
PARADIS

상위 1%를 위한 다이닝 가이드북

새로운 요리의 발견은
새로운 별의 발견보다 인류의 행복에 더 크게 기여한다

브리어 사바랭

저자이야기

열정 가득한 손맛을 즐기세요

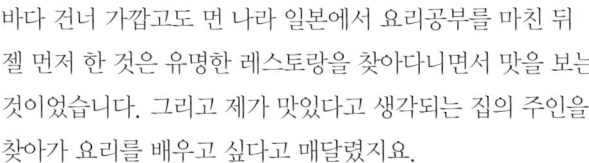

바다 건너 가깝고도 먼 나라 일본에서 요리공부를 마친 뒤 젤 먼저 한 것은 유명한 레스토랑을 찾아다니면서 맛을 보는 것이었습니다. 그리고 제가 맛있다고 생각되는 집의 주인을 찾아가 요리를 배우고 싶다고 매달렸지요.

일본에는 3대째 혹은 4대째 가업으로 이어가는 전통 있는 레스토랑들이 꽤 있습니다. 그런 집들은 손님이 줄을 잇더군요. 그들만의 비법과 장인 정신이 얼마나 대단한지 본받고 배우고 싶은 마음이 가득했습니다. 그들은 맡은 일에 대단한 자부심을 갖고 있었고 음식을 먹으러 오는 손님들에게 존경과 인정을 받고 있었습니다.

그런 모습을 보면서 무급으로 시작해 주방에서 한몫하는 셰프가 되기까지 저는 한시도 긴장감과 열정을 놓을 수 없었습니다. 그리고 우리나라에도 이런 장인정신으로 똘똘 뭉친 레스토랑과 그것을 인정하는 손님들이 많아졌으면 좋겠다고 진심으로 바라게 되었지요.

한국에 돌아와서도 저는 여전히 맛집순례를 합니다. 이제는 나만의 일식당을 갖고 있지만 한군데 머물며 나태하지 않고 더 나은 모습으로 발전하고 싶기 때문입니다. 또한 의식있는 셰프들끼리의 모임을 통해 서로 좋은 정보를 공유하며 발전을 모색하고 있습니다.

이 책에 실린 집들은 저의 정신을 갈고 닦게 해준 특급 셰프들과 오너들의 레스토랑입니다. 몇날 며칠 스톡을 뽑고 좋은 재료를 찾기 위해 시장 어디라도 뛰어다니는 그들이 오래오래 우리 곁에 머물길 바라면서 여러분과 함께 이들의 맛 이야기를 나누고 싶습니다.

신동민

정성으로 빚어낸 행복을 맛보세요

맛있는 음식을 먹을 때면 저절로 입가에 미소가 돌지요. 우리는 정성과 사랑이 담긴 음식을 통해 만족감과 행복을 느낍니다. 맛있는 음식의 가장 근간이 되는 소금사업을 하면서 먹거리의 중요성에 대해 눈뜨기 시작했습니다. 사람들에게 우리나라 소금의 우수성을 알리고 싶어 애가 탔지요. 어떻게 하면 염전에 사람들을 오게 해서 우리 소금을 보여줄까 궁리하다가 슬로시티를 도입하게 되었습니다. 슬로시티의 본산인 이태리 현지를 방문하고 슬로푸드 운동에도 참여하게 되었지요. 생각하면 참 좋은 경험이 되었어요. 제대로 된 먹거리야말로 우리를 살리는 가장 중요한 기본임을 깨닫게 되었으니까요. 생각이 전환된 저는 함께 일하는 스텝들의 먹거리부터 챙기기 시작했습니다. 제대로 먹여야 일도 잘 해낼 수 있다는 믿음에서부터 출발한 것이지요. 그런 마음으로 레스토랑을 하나 운영하더라도 슬로푸드에 준하는 정직한 음식을 만들도록 노력합니다.

다행히 우리나라에는 좋은 음식과 분위기로 만족을 주는 레스토랑들이 꽤 있습니다. 상위 1% 레스토랑이란 단지 VIP만 가는 크고 비싼 집만 뜻하는 것은 아닙니다. 규모가 작더라도 최고의 맛을 내고 최고의 분위기를 만들어내는 곳도 포함되지요. 여러분께 소개하기 위해 집집마다 직접 방문해서 먹어보고 셰프와 오너들을 만나 취재하면서 그들의 요리철학과 애정을 엿보는 소중한 시간이 되었습니다. 책을 보면, 마치 저와 함께 식사를 하면서 맛과 분위기를 느낀 것 같은 생각이 들도록 최선을 다했습니다. 이 책을 통해 식도락의 즐거움을 만끽하길 기대해봅니다.

손문선

CONTENTS

KOREAN
코리안

고매 GOMAE
맞춤식으로 대령하는 고품격 한식 코스요리 12

고상 GOOSANG
오감만족의 건강요리, 사찰음식 전문점 16

다담 DADAM
우리 땅의 자연과 멋을 담은 한식당 20

삼청각 SAM CHEONG GAK
우리의 멋과 맛, 전통문화의 새로운 경험 26

손수헌 SON SOO HEON
고기요리와 한정식을 함께 즐기고 싶다면 32

시·화·담 SI·WHA·DAM
세련된 분위기에서 감각적인 한식 즐기기 36

정식당 JUNGSIK
기발함과 유머가 가득한 뉴코리안 다이닝 42

품 POOM SEOUL
한식의 세계화를 앞장서는 모던한 반가음식 46

필경재 PHIL KYUNG JAE
500년 전통 한옥에서 즐기는 궁중 한정식 52

ITALIAN & CONTEMPORARY

이탤리언 &
컨템퍼러리

그란구스또 GRAN GUSTO
깨끗하고 정직한 맛의 웰빙 이탈리안 레스토랑 60

더 키친 살바토레 쿠오모 THE KITCHEN SALVATORE CUOMO
정통 나폴리의 맛과 멋 64

라 쿠치나 LACUCINA
22년 전통, 우리입맛에 꼭 맞는 이탈리아 요리 68

미 피아체 MI PIACE
청담동의 터줏대감, 편안한 이탈리아식 가정요리 72

본 뽀스또 BUON POSTO
이탈리아 정찬을 음미할 수 있는 품격의 공간 76

빌라 소르티노 VILLA SORTINO
이탈리아 본고장의 강렬한 풍미를 즐기고 싶다면 80

쁘띠끄 블루밍 BOUTIQUE BLOOMING
자연의 풍요로움을 담아낸 환상의 프리젠테이션 84

남베101 NAMBE101
풍부한 색채감각과 감성의 프리젠테이션 88

더 그릴 THE GRILL
참숯그릴에 구운 정통 뉴욕식 스테이크를 맛보고 싶다면 92

더 믹스드 원 THE MIXED ONE
세계 여러 나라의 재료로 만든 동서양의 다양한 요리 96

보르 드 메르 BORD DE MER
즐거운 애피타이저, 아메리칸 스타일의 시푸드요리 100

엘본 더 테이블 ELBON THE TABLE
새로움이 가득! 갈 때마다 매력 넘치는 활기찬 식탁 106

이사벨 더 부처 ISABELLES THE BUTCHER
뉴욕스타일의 드라이에이징 스테이크 제대로 즐기기 110

JAPANESE & CHINESE
재퍼니즈 & 차이니스

도쿄 사이카보 TOKYO SAIKABO
스키야키와 함께 즐기는 전통 일본식 가정요리   116

슈치쿠 SHUCHIKU
최고의 전망과 함께 하는 명품 스시와 카이세키 요리   120

스시선수 SUSHI SUNSOO
활기찬 분위기, 임팩트 강한 명품 스시   126

스시조 SUSHI CHO
창조적인 일식요리와 일본 본토 맛 스시   130

우오 UO
최고의 품격, 오감 만족 일식 레스토랑   134

키사라 KISARA
성공적인 비즈니스 접대를 위한 최고의 공간   140

하카타 타츠미 HAKATA TASUMI
하카타식 일본 정통 스키야키와 복어요리 전문점   144

수엔 SUEN
최강손맛, 몸이 편안해지는 웰빙 중식당   148

몽중헌 MONGJUNGHEON
본토 명인이 직접 빚는 딤섬과 광동, 후난식 요리   152

백리향 PAENGNIHYANG
초고층의 빼어난 전망과 함께 즐기는 진귀한 미각의 세계   158

싱카이 XINGKAI
상하이의 멋, 오랜 내공으로 빚은 맛의 천국   162

홍연 HONGYUAN
행복한 미각으로 웰빙의 꿈을 이루어주는 광동식 중국요리   166

FRENCH
프렌치

가스트로통 GASTROTONG
스위스요리사와 와인전문가 부부가 만든 미식의 공간   172

라미띠에 L'AMITIE
기본을 지키며 진심을 담아낸 단아한 프랑스요리   176

라 싸브어 LA SAVEUR
서래마을 대표 레스토랑, 강직하고 진심이 담긴 고수의 손맛   180

랩 24 LAB XXIV
합리적인 가격으로 즐기는 미식의 향연   184

레스쁘아 뒤 이부 L'Espoir du Hibou
정성으로 이끌어낸 맛, 기본에 충실한 정통 프렌치식당   190

엔그릴 NGRILL
환상의 전망을 자랑하는 프렌치 파인 다이닝   194

줄라이 JULY
셰프의 감각으로 우리의 맛을 담아낸 프랑스요리   198

테이블 34 TABLE 34
멋진 뷰에 걸맞는 완벽한 마리아주, 아름다운 미각의 세계   202

저자이야기   04

명품이야기   206
와인 | 커피

KOREAN
코리안

고매 GOMAE
고상 GOOSANG
다담 DADAM
삼청각 SAM CHEONG GAK
손수헌 SON SOO HEON
시·화·담 SI·WHA·DAM
정식당 JUNGSIK
품 POOM SEOUL
필경재 PHIL KYUNG JAE

KOREAN

맞춤식으로 대령하는 고품격 한식 코스요리
고매
GOMAE

셰프는 찾아주는 손님이 있기에 존재한다. 이태원 한식당 고매는 손님을 왕처럼 모시며 한 분 한 분의 입맛과 건강까지 반영한 최고의 맞춤밥상을 대령한다.
일본에서 요리 배우던 시절, 회원제로 운영하는 레스토랑을 처음 접해보았다. 고매도 이러한 회원제 중심으로 집사처럼 섬세한 서비스를 제공하기에 내 집처럼 편안한 식사를 즐길 수 있다. 물론 사전 예약으로 비회원도 이용이 가능하다.
고매의 서비스에는 아주 특별한 정성이 깃들어 있다. 현관 밖에서부터 반가운 마중 서비스로 감동이 시작되며 식사 전 1층의 리셉션 라운지에서 먼저 도착한 손님들이 심심치 않게 간단히 샴페인을 즐길 수도 있다. 식사 시간이 되면 2층 한식당 고매로 깍듯하게 안내 하는데 군더더기 없는 심플한 인테리어가 무척이나 정갈하게 느껴진다. 장식이 배제된 단순함은 다양한 용도로 변신하기 좋게 만든 컨셉으로, 파티나 취미생활을 위한 전시 등 손님이 원하는 대로 꾸미고 이용할 수 있다. 아늑한 좌식 룸부터 무빙월로 연결되어 크기를 조절할 수 있는 테이블 룸까지 다양하게 마련되어있다. 식사 후에는 지하의 바나 4층의 멤버스룸으로 옮겨 진한 꼬냑이나 티타임으로 마무리할 수 있다.
고매의 테이블에는 예약자 이름과 그날의 상차림을 적은 찬품단자를 올려놓는다. 찬품단자란 메뉴표를 뜻하는 궁중용어. 고운 한지에 음식 설명과 함께 어울리는 전통주, 와인까지 선별해 올려놓았다. 손님이 외국인일 때는 외국어에 능통한 직원이 서비스하며 찬품단자도 외국어로 준비한다. 때문에 격조 있는 비즈니스모임은 물론 외국의 귀빈 접대에도 이만한 곳이 있을까 싶다.
정말 귀하게 대접받는다는 느낌은 김지영 셰프가 룸에 직접 들어와 그날의

음식을 준비한 배경과 함께 자세한 설명을 곁들일 때다. 김 셰프는 인기 드라마 대장금에서 음식총괄감독을 맡았고 중국 상해에서 우리 음식을 널리 알리고 돌아온 한식요리 전문가. 고매에서는 궁중요리와 약선요리, 반가의 음식을 적절히 배합한 한식을 코스로 선보이고 있다.
정갈한 우리음식을 이봉주 선생의 맞춤 방짜 유기그릇, 이동하 선생의 청자에 단아하게 담아내는데 유기그릇의 청아한 소리와 한국적인 여백의 미가 은은한 멋을 풍긴다. 그녀의 음식은 무침, 볶음, 탕 등 하나같이 한식의 기본을 제대로 지키며 진심으로 만들어내기 때문에 깊고 기품 있는 맛이 난다. 예부터 장문화인 우리 음식의 특징을 살려 기본간은 되도록 슴슴하게 하고 부족하면 장을 곁들이도록 하고 있다. 자고로 음식이란 혀끝의 즐거움보다 먹어서 몸에 이로워야함을 먼저 꼽는다는 김 셰프. 이런 소신과 열정으로 만든 요리들은 대단한 정성이 느껴져 먹을 때도 감동스럽지만 자극적이지 않아 먹고 나면 편안하고 부담이 없어 더욱 좋다.
이집엔 따로 정해진 메뉴표가 없다. 48시간 전에 미리 예약하면서 체크한 손님의 기호와 건강상태에 따라 재료를 준비하고 식단을 짠다. 회원제로 운영되는 만큼 자주 찾는 분들이 많기에 같은 음식도 다양한 조리법과 부재료의 궁합을 맞춰 늘 변화를 주는 편이다. *Recommended by SDM*

01 02 03

01 버섯전골 임금님 수라상에 올라가는 전골냄비요리를 그대로 재현했다. 제대로 우려낸 양지 육수를 방짜 유기 전골냄비에 끓이면서 각종 버섯과 고기, 채소를 데쳐내어 먹고 수란과 국수를 말아 마무리 한다.

02 황화잡채 드라마 대장금에 등장해 널리 알려진 황화는 노란 원추리꽃으로 예부터 말린 황화를 여러 가지 채소와 함께 특별한 요리에 사용해왔다. 황화는 마음의 맺힌 기운을 풀어주고 근심을 잊게 해주는 귀한 꽃으로 당면과 함께 무쳐내면 빛깔이 고와 시각적인 즐거움을 주며 나름의 식감과 향기가 있어 맛도 기품 있게 올려준다.

03 너비아니 너비아니란 좁지도 넓지도 않다는 뜻으로 쇠고기를 얇게 저며 양념해 구운 궁중요리다. 새콤달콤한 소스에 버무린 채소무침과 배를 곁들여 먹으면 맛도 상큼하고 소화도 잘 된다.

Chef 김지영

가족을 위해 음식을 만드는 정성으로 고객의 건강과 기호까지 하나하나 파악하여 날마다 맞춤한식밥상을 차려낸다. 그녀의 요리는 조미료를 전혀 쓰지 않고 자극적이지 않기에 마치 집 음식처럼 진실하고 편안하다. 고서를 근거로 우리요리를 연구하는 남다른 열정을 보이고 있다.

INFOMATION

Tel	02-790-7997
Address	서울시 용산구 한남동 682-4
Open	오전 11시30분~오후 2시30분 오후 5시30분~10시, 일요일 휴무
Menu	런치코스 8만원~, 디너코스 16만원~ (메뉴에 따라 가격 변동 가능)
Room	5개
Parking	발렛서비스

오감만족의 건강요리, 사찰음식 전문점
고상
GOOSANG

고상은 고려시대부터 내려오는 사찰음식에서 메뉴를 선별해 요즘의 입맛에 맞게 재해석한 코스요리를 선보인다. 향이 강한 양념 마늘, 파, 부추 등 오신채와 육식을 배제하고 순수한 채식만을 고집하는데, 이집만의 각별한 비법과 정성으로 버무려진 사찰요리들은 깨끗하고 부드러운 맛에 하나하나 정성이 가득 느껴진다. 때문에 이곳에 올 때마다 몸이 편안해지는 것은 물론이고 마음까지 넉넉해져 이런 것이 바로 진정한 힐링푸드가 아닌가 싶다. 채소만으로 어떻게 맛을 낼까? 답은 좋은 재료와 슬로푸드식 조리법에 있다. 육수를 낼 때 멸치나 고기를 사용하지 않는 대신 다양한 버섯과 채소를 스물네 시간 끓이고 다시 하루 내내 숙성시킨다. 꼬박 이틀 걸려 만든 이 채숫물은 모든 국물요리의 기본이 되며 맑고 개운한 감칠맛이 특별하다. 고기 대신 콩과 견과류로 정성을 많이 들여 만든 콩고기는 다른 집에 비해 질기지 않고 부드럽다. 콩고기를 이용한 다양한 음식들은 구수한 풍미로 채소 일색의 상차림에서 고기 맛을 원하는 손님의 입맛을 달래준다.
이집 메뉴 중 압권은 오감을 만족시켜주는 우엉잡채다. 우엉을 가늘게 채쳐서 간장 양념한 물에 부드럽게 삶아 맛을 들였기에 기름지지 않고 산뜻하면서도 뻣뻣하지 않다. 연잎으로 잡채를 싸서 따뜻하게 찐 다음 상에서 펼쳐주는데 연잎과 우엉의 그윽한 향기만으로도 절로 미소가 지어진다. 특히 하얀 연꽃 위에 잡채 고명을 따로 담아내오는데 먹기에 아까울 정도 아름답다. 더덕을 곱게 채쳐서 잣과 배즙에 버무린 더덕잣소스무침, 채소만으로 만들어낸 깔끔한 열구자탕(신선로) 등 멋과 품격이 남다른 사찰요리들이 가득하다.
메뉴는 다섯 가지 코스와 가벼운 세트메뉴가 있다. 코스는 말린 과일이나 고구마 같은 주전부리로 시작해 샐러드, 버섯강정, 잡채, 신선로, 콩고기 등의 메인요리들과 밥과 찬, 그리고 후식으로 이어진다. 홀에서는 간단한 세트메뉴로 가볍게 식사하기 좋고 룸에서는 코스메뉴로 대접받는 기분을

느낄 수 있다.
고상은 음식도 깔끔하지만 박물관을 방불케 하는 멋진 작품들과 모던하면서도
자연친화적이고 옛정취도 아울러 느낄 수 있는 근사한 분위기의 명소이다.
우선 입구의 웅장한 배흘림기둥은 인간문화재 최기영 대목장의 작품.
난정만 올리지 않았을 뿐 부서사무량수전의 배흘림기둥을 그대로 재현했다.
구름모양의 조형물은 김학현 작가의 작품이고 벽면의 대나무 장식은 멀리서
보면 그냥 수묵화 같지만 흑연가루를 입힌 황동으로 박호성 교수의 작품이다.
이곳에서 사용하는 도자기는 손민영 작가가 맡았다.
입구에 들어서서 오른편 홀과 왼편 룸으로 이어지는 복도를 따라가다 보면
오른편에 안동 하회마을에서 봄직한 대갓집 솟을대문이 활짝 열려있다.
그 안에 들어서면 마을의 안녕과 풍요를 기원하는 솟대로 장식한 우리식
중정이 있다. 동그란 중정 주변으로 룸들이 빙 둘러싸고 다시 원형의 룸들을
동그랗게 품으며 홀이 자리 잡고 있는 구조. 마치 달팽이 같이 곡선으로
연결된 부드러운 공간들이 매우 독특하고 매력적이다.
편안하면서도 격조 있는 룸들이 다양한 크기로 넉넉히 마련되어있어 상견례
명소로 꼽히며 한국적인 멋과 맛을 물씬 풍기는 분위기로 외국손님에게 특히
추천하고 싶다. *Recommended by SMS*

01 02 03

01 오색연꽃연잎우엉잡채 연잎으로 싸서 따뜻하게 찐 우엉잡채와 하얀 연꽃 위에 색 맞춰 따로 담은 잡채 고명. 테이블에서 연잎을 펼치면 우아한 연잎과 우엉의 향기가 솔솔 풍겨 나와 마음까지 사로잡는다. 고기가 들어가지 않아도 깊은 감칠맛이 먹을수록 당긴다.
02 더덕잣소스무침 더덕을 곱게 채치고 잣과 배를 갈아 촉촉하게 무쳤다. 더덕 특유의 쌉싸래한 맛과 아삭한 식감이 달콤하고 고소한 잣소스와 어울려 정갈하고 깨끗한 맛!
03 열구자탕 신선로라고 흔히 부르지만 신선로는 그릇 이름이고 신선로에 담긴 요리명이 열구자탕이다. 원래는 고기를 끓인 육수를 사용하지만 이집에서는 이를 걸러 공들여 만든 채숫물로 국물을 잡아 깔끔하고 개운한 맛이 각별하다.

Owner 송수미

아토피 피부염이 있는 아이를 키우면서 자연식에 눈 뜨게 되었고 사찰 음식 속에 몸과 마음이 건강해지는 길을 찾았다. 계절마다 레시피에 대한 방향을 깐깐하게 제시하며 주방과 경영을 함께 아우르고 있다. 내 아이, 내 부모가 언제 와서 먹어도 안심할 수 있는 최고의 음식만을 고집하고 있다.

INFOMATION

Tel	02-6030-8955
Address	서울시 중구 수하동 67 미래에셋 센터원 지하 2층
Open	오전 11시30분~3시 오후 6시~10시
Menu	조찬 2만9천7백~3만9천6백원 코스메뉴 4만2천9백~25만3천원 세트메뉴 2만1천4백5십~3만1천9백원
Room	13개
Parking	미래에셋 센터원 지하주차장 이용 (점심 2시간, 저녁 4시간 무료주차)

03
KOREAN

우리 땅의 자연과 멋을 담은 한식당
다담
DADAM

세계 여러나라 요리를 해봤지만 한식만큼 손님의 기대에 부응하기 어려운 음식도 드물다. 늘 먹는 한식이기에 더 맛있고 담음새 하나도 멋스러워야 눈길을 끌 수 있는 법. 다담은 맛과 멋을 동시에 만족시키는 식당으로 한동안 시들해져있던 한식의 인기몰이에 앞장서고 있다. 그동안 양식에 비해 제대로 대우받지 못한 한식이었기에 여간 반가운 일이 아니다.

청담동 (구)엠넷(M-NET) 건물에 선큰가든으로 이어지는 지하공간이 있는데 이곳이 바로 다담. 푸른 잔디와 나무들, 거대한 나무밑동으로 꾸민 정원을 지나다보면 어느 대갓집 안마당을 거니는 듯하다. 전통 떡판을 붙여 만든 대문을 열고 실내로 들어서면 왼쪽으로는 고기를 구워먹을 수 있는 그릴 존, 오른쪽은 한식코스를 즐길 수 있는 공간으로 구분된다. 햇살 좋은 홀의 창가, 조용한 룸 어디라도 고급스럽고 차분한 분위기가 좋다. 조선 사대부가의 상류주택인 선교장에서 모티브를 얻어 양반가의 옛정취를 물씬 풍긴다. 벽에는 페인트 대신 먹물을 바르고 강화도 한 고택의 집터에 남은 돌담을 가져와 우물가를 재현했다. 돌담, 솟대, 도자기, 벼루, 한지 등 실내를 장식하는 한국적인 소재 하나하나에서 정성과 편안함이 느껴진다.

다담은 웅장한 아흔아홉 칸의 대갓집처럼 크고 작은 룸들이 많다. 자연석과 대리석으로 된 길을 따라 16개의 룸이 늘어서 있는데, 음식을 서빙하는 직원들의 동선과 손님이 드나드는 문이 구분되어있어 번잡스럽지 않고 조용하다. 각 방들은 지리산, 한라산 등 팔도명산에서 따온 이름이 붙여져 있고 핀조명으로 쏘아 만든 한옥의 창살무늬로 멋스러운 운치를 자아낸다. 한국적인 멋을 살린 고급스럽고 단아한 분위기 덕에 비즈니스맨부터 정·재계 인사, 연예인까지 두루 찾고 있으며 내로라하는 명가의 '사모님'들 사이에서도 인기를 끌고 있다.

분위기도 분위기지만 다담의 진짜 매력은 100% 국내산 재료를 사용하는

자연스러운 맛에 있다. 사찰음식 대한명인 정재덕 셰프가 책임지는 다담의
음식은 자연건강식의 조리법이 스며든 우리한식이다. 완도산 전복, 강원도산
곤드레, 제주산 은갈치 등 우리 땅에서 나는 제철 머거리로 사계절의 멋과
맛을 제대로 담아내고 있다. 산지별 최고의 재료를 사용하는 만큼 재료 고유의
맛과 향을 살리면서 자극적이지 않고 깊고 은은한 맛을 끌어낸다. 메뉴별로
담음새를 미리 생각해 특별히 제작한 이천의 도자기들도 시선을 끈다.
그릇마다 멋스럽게 담아내오는 정갈한 한식이기에 일단 눈으로 먼저 먹고
향과 맛을 보는 즐거움을 동시에 만끽할 수 있다.
다담의 메뉴는 한식코스와 단품요리, 고기구이 등 총 백여 가지가 넘지만
그중에서도 구이정식을 특별히 추천하고 싶다. 연기 없는 쾌적한 그릴존에서
맛볼 수 있는 메뉴로, 최고급 한우와 맛깔스러운 한식요리를 합리적인
가격으로 만날 수 있다. 이집에서 맛보는 쇠고기는 정읍산 뽕잎 먹인 한우로
꽃살, 꽃등심, 갈빗살, 채끝등심 등 네가지 부위를 같은 가격에 입맛대로
주문할 수 있다. 뽕잎 한우는 일반 사료를 먹인 한우보다 육질이 훨씬
부드럽고 고기누린내가 없다. 숯불향이 배어든 고기를 묵은김치나 명이나물

01 02
03 04

01 로스편채 채끝등심을 올리브유와 향신료, 허브에 재웠다가 구워서 얇게 썬 다음 바삭하게 구운 마늘과 채썬 채소를 곁들인다. 고기에 채소를 싸서 고추장아찌의 간장을 숙성해서 만든 소스에 찍어먹는다.
02 청포묵무침 뽕잎한우, 고급 표고버섯, 청포묵을 채썰어 무치고 숙주, 무채 나물을 곁들여 먹을 때 섞어준다. 우리 음식이지만 와인안주로 잘 어울린다.
03 마구이 마를 폭신하게 구워 상큼한 유자청을 올렸다. 여기에 장뇌삼과 꿀을 곁들여 귀하게 내는 요리로 그만. 마치 흙에서 삼을 캐내는 기분을 느끼도록 삼을 콩고물로 버무려 내고 이끼로 산을 표현해 보는 즐거움을 선사한다.
04 구이정식 정읍의 뽕잎 먹인 무항생제 한우와 죽, 샐러드, 삼색전유화, 콩나물냉채, 식사, 디저트코스로 구성되어있다.

절임에 폭 싸서 먹는 맛이란! 부드러운 육질과 함께 씹을수록 고소한 육즙이 입안에 감돈다.

고기요리에 향 좋은 명주 한 잔 곁들이면 금상첨화. 전주 이강주, 경기도 문배주, 충청남도 한산 소곡주 등 각 고장을 대표하는 지역 술이 다양하게 준비되어있고 한식에 어울릴 만한 와인, 샴페인, 코냑도 종류별로 구비돼 있다. 가볍게 순한 막걸리 한잔을 함께 해도 좋다. 막걸리도 그 자리에서 열어 도자기 병에 담아주는데 작은 도자기 잔에 따라 마시면 명품주가 따로 없다. 8~10가지 음식이 순서대로 나오는 한식코스는 편안한 맛과 몸에 좋은 재료들로 귀한 대접을 받는 느낌이 가득하다. 코스요리 후에는 밥과 국수를 골라 밑반찬과 함께 정갈한 식사가 나오고, 뒤이어 계절마다 세심하게 만들어 낸 디저트가 산뜻한 입가심을 도와준다.

고기요리를 비롯한 다담의 모든 코스요리들은 모두 1인분씩 주문할 수 있으며 몸에 맞지 않는 음식은 빼고 만들어주는 등 맞춤형서비스로 최고의 만족감을 준다. *Recommended by SDM*

Chef 정재덕

대한민국 조리 국가대표 및 대한명인으로 선정된 그는 고상, 발우공양 등의 오픈멤버. 그의 요리철학은 특별한 날 찾아오는 이 식당의 손님들에게 정직하게 만든 건강한 음식을 내는 것. 조미료를 안 쓰고 자연적인 맛을 추구하며 제철에 나오는 100%국내산 재료로 만든 순수 한식을 고집하고 있다.

INFOMATION

Tel	02-518-6161
Address	서울 강남구 청담동 97-1 (구)엠넷(M-NET)건물 지하 1층
Open	오전 11시30분~오후 3시, 오후 6시~10시
Menu	점심코스 3만8천~6만5천원
	저녁코스 5만5천~15만원
	구이정식 4만5천~6만원
	구이먹거리 4만원
Room	16개
Parking	발렛서비스

04
KOREAN

우리의 멋과 맛, 전통문화의 새로운 경험
삼청각
SAMCHEONGGAK

꽃잎 띄운 향기로운 국화차를 마시며 해금연주로 쇼팽을 듣고, 이어서 입맛에 착착 맞는 맛깔스러운 한식 코스를 먹는다. 삼청각은 이렇듯 그윽한 분위기 속에 우리 음식을 즐길 수 있는 멋진 곳이기에 외국인 손님을 동반할 때마다 칭송을 받곤 한다.

삼청각의 삼청(三淸)은 산이 맑고 물이 맑고 그래서 사람의 인심도 좋다는 의미다. 북악산의 숲 한가운데 자리 잡은 삼청각은 지난 반세기 동안 주변 산림에 일반인의 출입이 드물었기에 자연이 그대로 보존되었다. 덕분에 그 이름처럼 도심에서 가장 맑은 기운을 지닌 곳이 아닐까싶다.

이곳은 일화당, 청천당, 천추당, 취한당, 동백헌, 유하정 등 멋과 품격을 갖춘 여섯 개의 별채로 이루어져있다. 전통가옥 형태의 각 별채에서는 부채춤, 판소리, 권무, 동무, 앙상블 연주 등 명인의 예술과 최고의 한식을 함께 만날 수 있다. 공연은 물론 음식, 테이블의 형태까지 모두 원하는 대로 맞춰준다. 봄과 가을엔 매일 상설 런치콘서트도 열린다. 3월~6월, 9월~12월의 평일, 오전 11시 일화당에서 우리 국악공연 1시간 그리고 스페셜 식사를 겸한 콘서트 자미(滋味)를 진행한다. 차와 함께 즐기는 콘서트 내내 어쩜 이리 곱고 단아한 우리 음악과 춤일까 참 행복한 여유를 느낄 수 있다. 그냥 음악이나 춤만 선보이는 게 아니라 간간이 낭랑한 목소리로 콘서트에 대한 설명도 곁들여 주니 더욱 흥미롭게 즐길 수 있다. 12시부터는 주방장이 제안하는 특선코스 메뉴를 요일별로 다양하게 선보이는데 전통요리를 응용해 건강과 맛을 고려하여 정성스럽게 마련한 음식을 맛볼 수 있다. 한 마디로 공연과 음식의 만남으로 바쁜 생활에 지친 몸과 마음을 한껏 달래줄 수 있는 영양 가득한 오감만족의 시간이라 하겠다. 자미런치콘서트의 예약은 인터파크에서 가능하며 이곳에 전화로 문의할 수 있고 삼청각의 운영자인 세종문화회관에서도 예매할 수 있다.

삼청각은 이렇듯 우리음식과 공연체험은 물론, 다례, 규방공예, 다양한 전통놀이를 몸소 체험할 수 있기에 외국손님이나 우리 전통을 좋아하는 한국인들에게 더욱 매력적인 곳이다. 또한 굳이 공연을 보거나 식사를 하지 않더라도 워낙 주변의 경관이 빼어나 슬슬 산책만 하기에도 운치가 있는 곳이다. 주차도 연중 무료이니 부담 없이 삼청각의 멋진 뜨락을 거닐어보길 권한다.

일화당 안에 있는 한식당에는 통창으로 자연경관을 즐길 수 있는 아늑한 룸과 현대적으로 꾸민 별도의 룸이 있어서 입맛대로 골라 비즈니스 접대나 상견례 등 격식 있는 모임을 하기에 좋다. 이곳에선 양반가의 전통적인 요리를 응용해 현대인의 입맛에 맞도록 재해석한 상차림을 마련한다. 전통의 재창조로 음식 맛의 깊이는 살리되 담음새는 모던하고 세련된 것이 특징이다. 자연건강식을 강조하기에 모든 요리에 인공 조미료를 쓰지 않는 것은 기본. 멸치와 무, 새우, 다시마에 갖은 채소를 넣어 푹 끓인 개운한 육수로 국물요리의 맛을 내고 고기요리엔 어울리는 약재를 넣어 특유의 누린내를 없애고 맛도 보완해준다.

01 02
03 04

01 주전부리 호두강정, 곶감호두말이쌈, 밤양갱, 육년근 인삼정과 등 모두 손수 만들어 그야말로 정성이 가득!

02 대하잣즙무침 새콤한 잣소스를 넣고 무쳐 고소하게 맛낸 대하와 역시 새콤한 들깨소스에 버무린 관자요리. 고소한 소스에 식초와 겨자 등 산뜻한 재료들을 섞어 느끼하지 않고 깔끔하게 받쳐준다.

03 삼색쌈과 불고기 쇠고기의 누린내를 잡아주고 몸에도 좋은 약재 하엽을 넣은 불고기와 삼색으로 물들여 만든 무 냉채. 불고기 먹고 무쌈을 하나씩 먹으면 개운하고 상큼하다.

04 숙지황 연저육찜 제주도 돼지고기 오겹살을 숙지황 다린 물에 삶아 달달한 나무 열매 연저와 두부, 수삼, 대추, 은행, 호두 등을 넣고 조리듯 찜을 했다. 누린내가 전혀 없는 쫀득한 식감의 돼지고기와 부드러운 두부, 인삼의 은은한 향기가 고급스럽게 어울린다.

주전부리 하나에도 육년근 인삼을 이용하고 디저트로 나오는 화채국물에도 맛좋은 하수오를 첨가하는 등 다양한 한약재를 이용하는 것은 박경식 셰프의 웰빙식에 대한 열정 때문. 이곳의 주방을 총괄하는 박 셰프는 먹어서 몸에 이롭고 맛도 좋은 약선요리를 공부하고 응용하길 즐긴다. 그는 이곳에서 깐깐하기로 소문이 났다. 매일 아침 입찰을 통해 들여온 재료를 일일이 검수하고 좋지 않은 것은 모두 반품 시킬 정도로 식재료에 대해 엄격하다. 자체수족관을 갖추고 선복 등의 해산물은 거의 살아있는 상태로 쓰고 어선 같이 익히는 음식들도 회로 먹을 수 있을 정도로 신선한 것만 사용하다. 고기는 갈비를 제외하고 모두 한우로 사용한다.

홀에서 먹는 점심 단품메뉴를 제외하고는 거의 코스식으로 나오는 한정식 메뉴가 주를 이룬다. 코스 요리 안에서는 제철의 신선한 재료를 이용해 계절감각을 살려낸다. 메뉴도 아주 다채롭다. 일반 런치, 디너 코스 외에도 결혼식, 비즈니스, 상견례, 채식, 기업행사 등 목적에 맞는 메뉴를 맞춤식으로 만들어준다. *Recommended by SMS*

Chef 박경식

한국 음식을 이끄는 100인의 조리인 선정, 자랑스러운 조리인상, 천일염 조리 경연 금상수상. 이외에도 많은 상을 수상하고 요리경력 24년차로 베테랑인 그가 이제는 또 자연건강식을 연구 중이다. 직접 대학의 약선요리 강좌를 다닐 정도로 그의 요리열정은 지칠 줄을 모른다.

INFOMATION

Tel	02-765-3700
Address	서울시 성북구 성북동 대사관로 3 (성북동 335-115)
Open	낮 12시~오후 3시 오후 6시~10시
Menu	점심코스 4만9천5백~19만8천원 저녁코스 9만3천5백~19만8천원
Room	룸 7개
Parking	삼청각주차장 무료이용

05
KOREAN

고기요리와 한정식을 함께 즐기고 싶다면
손수헌
SON SOO HEON

손수헌은 격조 있는 서비스를 받으며 품위 있게 고기요리와 한정식코스를 즐길 수 있는 곳이다. 보통 고깃집에 가면 분주하고 분위기가 없는데 이집은 대부분의 공간이 널찍하고 프라이빗한 룸 위주로 차분한 느낌을 준다. 전통 가구와 공예품, 그림 등으로 장식된 내부는 단아하면서도 꽤 고급스러운 분위기. 조용한 가운데 대화를 나누며 미각을 즐길 수 있는데다 서비스도 매우 정중하고 깍듯해서 상견례나 비즈니스 모임, 가족 모임을 하기에 더할나위 없이 좋다.

손수헌 주방에는 총 열두 명의 셰프들이 움직인다. 박래선 총괄 셰프의 지휘 아래 각각 숙련된 담당 분야가 있어 모든 요리들이 제 맛을 내고 있다. 토속음식은 토속음식대로 질박하고 깊은 맛을 내고 전채요리나 후식처럼 가벼운 메뉴들은 현대적이고 세련된 입맛으로 재해석해 내놓는다. 특히 전채요리나 디저트의 담음새는 마치 프렌치요리처럼 우아하다.

대개의 한식집이 매양 같은 메뉴로 사주 가기 어려운 것에 비해 이집에서는 전체 메뉴를 일년에 서너 번 정도 바꾼다. 계절마다 새로운 메뉴를 선보이고 코스 메뉴의 경우 메인을 제외한 다른 요리들은 수시로 변화를 주어 자주 가도 물리지 않고 늘 즐겁다. 저녁에는 대개 고기 위주의 코스요리를 즐기지만 낮에는 코다리 정식, 불고기 정식 등 단품세트메뉴로 가볍게 식사하기 좋다. 전복갈비찜이라든가 주물럭석쇠구이도 베스트런치 메뉴.

이집의 특별함은 고기요리에서 가장 돋보인다. 어느 특정한 지역이 아니라 부위별로 가장 좋은 최상급 한우를 엄선해 들여온다. 마블링이 환상적이며 소금 하나만 딱 찍어 먹어도 누린내가 전혀 없고 입에서 살살 녹는다. 굽는 방식은 숯불이 아닌 가스불을 택했다. 숯의 연기와 강한 향이 오히려 최상급 고기 맛을 해칠 수 있다는 생각에서다. 보통의 고깃집에 흔한 후드도 안보인다. 연기가 테이블 아래로 빠져나가게 설계되어 있는 것. 때문에

얼굴을 마주하고 중요한 대화를 나눌 때 방해받을 염려가 없다. 고기 냄새를 없애기 위해 방향제를 쓰는 곳들도 있는데 이집에서는 음식 냄새에 영향을 줄 수 있는 방향제는 사용하지 않는다. 대신 아침·저녁 배기를 틀어서 환기를 자주 시킨다. 혹 고기 굽는 냄새에 아주 민감하다면 창문이 있는 방으로 예약하면 더 좋겠다.

이집의 고기코스 메뉴에서는 안창살, 꽃등심, 살치살, 갈비살 등 다양한 부위의 고기를 조금씩 맛볼 수 있어 좋다. 보통 두세가지 고기를 선택할 수 있는데 어르신들은 드시기 부드러운 꽃등심과 살치살, 외국손님은 생갈비를 선호한다고 한다. 고기 맛을 좋아하는 분들은 쫄깃한 안창살도 추천한다. 안창살은 육즙이 풍부해 바짝 웰던으로 구워야 누린 맛이 빠지고 더 쫄깃하니 맛있다. 꽃등심은 부드러워서 살짝 구어 먹어도 좋겠다. 직원이 직접 고기를 구워주는데 무엇을 먼저 먹어야하는지, 부위에 따라 어떻게 굽는지 친절한 설명을 곁들여준다.

고기를 먹고 난 다음 식사로는 무짠지찌개를 추천한다. 동치미나 석박지 등 묵은 무김치에 된장을 넣고 바특하게 지져내오는데 짭쪼름하면서도 깊고 개운한맛이 각별하다. 마치 시골에서 어머니가 끓여주던 그 맛 그대로랄까? 다른 곳에서 맛보기 어려운 별미로 꼭 맛보길 권한다. *Recommended by SMS*

01 02 03

01 무짠지 찌개 이집의 식사메뉴중 가장 베스트! 묵은 무김치와 된장을 바특하게 끓여 깊고 짭쪼름한 맛이 일품! 고기 먹은 뒤 느끼함을 확실히 잡아준다. 예쁜 뚝배기에 담아내어 끝까지 따뜻하게 먹을 수 있다.
02 한우 환상의 마블링을 자랑하는 한우. 원하는 부위별로 원하는 만큼 주문해서 먹을 수도 있고 다른 한식요리와 함께 코스메뉴로 즐겨도 좋다.
03 눈송이아이스크림 어른, 아이 할 것 없이 누구나 좋아하는 디저트. 설탕으로 만든 눈송이 위에 커피를 골고루 부어주면 방울방울 타고 내려가는 모습이 가히 환상적이다.

Chef 박래선

기본적인 한식요리는 원래대로의 맛을 최대한 살려 제맛을 내주고 새로운 전채요리 등은 가벼우면서도 양식 소스 등을 첨가해 심플하고 현대적인 감각으로 재해석하길 즐긴다. 주방장 특선요리를 통해 항상 변화 있는 메뉴를 선보이는데 특히 제철의 신선한 식재료로 계절감각을 표현하기 위해 늘 연구하고 노력하는 열성이 대단하다.

INFOMATION

Tel	02-3442-2567
Address	서울시 강남구 논현동 99-32
Open	오전 11시30분~오후 3시
	오후 5시30분~오후 10시30분
	(주말 오후 10시까지)
Menu	점심코스 3만6천~5만7천원
	디너코스 8만6천~15만3천원
	무짠지찌개 1만2천원
Room	14개
Parking	발렛서비스

06
KOREAN

세련된 분위기에서 감각적인 한식 즐기기
시 · 화 · 담
SI·WHA·DAM

그 이름처럼 시와 그림과 이야기가 있는 매력적인 한식 레스토랑 시화담. 언제나 섬세한 서비스와 멋스러운 담음새, 건강한 음식 맛을 자랑하기에 가장 귀한 손님과 함께 찾고 싶은 곳이다.

이태원 경리단길에 위치한 시화담은 건물외관부터 심플한 세련미를 풍긴다. 내부는 화려하지만 절제미와 단아함이 배어나는 모던한 분위기다. 현대적인 인테리어에 오래된 고가구와 미술품, 도자기 등으로 꾸며 갤러리를 그대로 옮겨온 듯 품격이 느껴진다.

실내는 총 3개 층인데 1층은 담(談), 2층은 화(畵), 3층은 시(詩) 등 각각의 주제로 특색 있게 꾸며져 있다. 전체가 룸으로 되어있고 서비스 또한 수준급이어서 프라이빗한 모임을 가지기에 무척 좋은 공간이다.

1층 입구에 들어서면 한국의 생활상을 알 수 있는 토기와 서화, 고가구 등을 정갈하게 전시해 놓아 마치 박물관이라도 들어선 기분이다. 이야기를 나눌 수 있는 라운지와 바, 대기석이 있어 음식을 먹기 전후에 편하게 앉아 이야기를 나누며 미술품을 감상할 수 있다.

계단을 오르면 피카소, 마티스, 모딜리아니 등 유명 화가 이름으로 된 세 개의 룸이 있는데 하나로 연결하면 약 20명까지 수용할 수 있어 행사를 갖기에 좋다. 중 2층의 메인 룸은 특별히 무대를 갖춰 식사하면서 국악 공연 등을 볼 수 있다. 3층은 우리나라 근대 시인들의 시 중 유명한 시구를 인용한 세 개의 룸과 도자기 갤러리로 꾸며져 있다. 규모가 있는 모임이라면 2층을 이용하는 게 좋겠지만 소규모 만남이라면 창밖으로 남산의 사계절을 즐길 수 있는 3층 룸을 권한다.

시화담의 음식은 코스메뉴로 대화를 나누며 천천히 음미하기 좋다. 코스마다 임금님 수라상부터 서민 음식, 풍류음식까지 폭넓은 한국의 음식문화가 담겨있다. 역시 시화담의 이름처럼 이곳 식탁 위엔 시와 그림과 이야기가 흐른다.

'향기론 백연꽃물', '한 송이 국화꽃을 피우기 위해', '황진이' 등 음식 이름이
한편의 시 같다. 음식을 담아내는 식기들도 모두 유명 도예 작가의 작품으로
음식의 컨셉에 맞게 특별히 제작한 것들이다. 그림 같은 담음새에 예술을 먹는
느낌이랄까, 푸짐한 한상이라기보다는 공들여 만든 작품, 그러면서 몸에 좋은
음식이라는 생각에 눈과 입, 마음까지 즐겁다. 음식들이 전체적으로 가볍고
양이 적당해 다소 긴 코스라도 먹고 난 뒤 부담이 없고 편안하다.
무엇보다 손님에게 기쁨을 주고자 노력한 정성어린 플레이팅이 감동적이다.
예컨대, 코스의 첫 음식부터 눈이 휘둥그레진다. 주전부리 코스로, 음식은
과일과 야채를 말린 칩일 뿐이지만 까만 접시에 하얀 슈거파우더로 그린
그림과 시가 무척이나 인상적이다. 원하는 글귀와 그림을 그려준다니 모시고
간 손님의 얼굴이나 환영 인사 등을 주문하면 틀림없이 기억에 남을 만한
훌륭한 서비스가 될 듯하다.
뒤이어 나오는 모든 음식들도 하나하나 독창적인 담음새에 눈이 너무
행복해진다. 특히 옛날 향수를 불러일으키는 스토리가 담긴 음식들에 한국의
푸근한 정서를 느낄 수 있다. 연세 좀 드신 분이 오시면 그 가치를 더욱 알아

01 02
03 04

01 주전부리 제철의 말린 과일과 야채칩을 접시에 담고 시와 그림을 슈거파우더 아트 기법으로 곁들인 메뉴. 원하는 그림이나 시를 맞춤으로 주문할 수 있다.
02 황진이 명품 육포, 잣솔을 이강주와 곁들여 조선시대 주안상을 차려내는 컨셉으로 스타일링했다.
03 오늘 새참은 뭘까 가을들판에서 맛보는 새참바구니를 위트 있게 표현했다. 김치두루치기와 숙성시킨 흑마늘, 밤, 고구마, 감자, 홍삼절편, 더덕절임에 곁들이는 막걸리 한단지.
04 코리안 런치박스 식빵 대신 부드럽고 쫄깃한 증편 사이에 마요네즈 대신 잣소스를 바르고 불고기를 넣은 한국식 샌드위치. 저염으로 발효시킨 전통 오이지를 곁들여 깔끔하게 마무리 할 수 있다.

줄 듯하다.

그렇다고 정통한식은 아니다. 현대적으로 재해석한 한식으로 양식의 조리법을 응용한 재미있는 메뉴들도 어우러져 있다. 그중에 김치 파스타는 정말 압권이다. 전혀 어울릴 것 같지 않은 김치와 크림소스, 오징어먹물파스타면이 절묘한 조화를 이루는데 매콤하면서도 부드러운 소스가 파스타와 어우러져 한입에 반할만한 맛이다.

음식을 소개하는 서비스도 대단하다. 음식이 나올 때마다 빔 프로젝터로 음식이름과 설명을 보여주는데 글귀를 한 번 읽고 음식을 맛보면 훨씬 감동스럽고 더 맛있게 느껴진다. 원하면 영어로 번역된 설명도 가능하다. 외국인 손님에게 우리음식의 품격을 제대로 보여줄 수 있는 곳으로 시화담 만한 데가 있을까 싶다. 특히 VIP를 대상으로 한 행사나 일생에 한번 준비하는 연인을 위한 프로포즈, 상견례 등 제대로 된 서비스를 수반한 품격 있는 한식을 준비해야할 때 아주 매력적인 곳이다. 100% 예약제로 운영되므로 최소한 2~3일 전에 예약해야한다. *Recommended by SMS*

Owner 오청

전통에 기반을 두면서도 독창적인 한식당을 세계 무대에 선보이고 싶어 시화담을 오픈했다. 10년 전 컨셉을 구상한 뒤 한정식 메뉴 개발팀을 구성하여 열정을 쏟아 부은 시간만도 무려 5년. 지금까지 개발한 메뉴만 200여 가지가 넘는다. 이에 만족하지 않고 한국의 음식문화를 느낄 수 있는 최고의 공간을 대표하겠다는 포부와 열정이 대단하다.

INFOMATION

Tel	02-798-3311
Address	서울시 용산구 이태원동 5-5
Open	낮 12시~오후 3시
	오후 6시~10시
	매주 일요일 휴무
	(12명 이상 단체 예약시 오픈)
Menu	런치코스 11만~38만5천원
	디너코스 16만5천~38만5천원
Room	7개
Parking	발렛서비스

기발함과 유머가 가득한 뉴코리안 다이닝
정식당
JUNGSIK

셰프로서 어느 순간 초심으로 돌아가고 싶을 때가 있다. 느슨해진 열정을 가다듬어 기운을 북돋워야할 때면 임정식 셰프의 정식당을 찾는다. 그곳은 기발함과 유머가 가득하며 뜨거운 열정이 숨 쉬는 뉴코리안 스타일의 레스토랑이다.
정식당의 음식은 좋은 식자재의 선택부터 표현 능력, 조화된 맛까지 모든 것이 훌륭하다. 그동안 한식의 세계화를 추구하다가 쓴 맛을 본 많은 레스토랑과 차별되는 것은 음식이 참 맛있다는 점이다. 단지 독창성이나 겉모양에만 치우치는 것이 아니라 누구라도 반할만한 훌륭한 맛으로 미식가들 사이에서도 인기가 대단하다.
임 셰프는 기존의 한식 조리법과 재료에서 아이디어를 얻어와 세계의 트렌드에 맞게 자신만의 개성으로 표현하는 재주가 탁월하다.
맛과 멋, 새로움이 척척 맞아 떨어져 더 근사하게 느껴진다. 하나하나 정성이 가득한데다가 보기도 좋아 기분전환까지 확실히 시켜주며 영양면에서도 몸에 좋다는 느낌이 절로 온다.
육류와 생선 등 다양한 기법을 응용해 맛있게 만든 독창적인 메인 요리도 돋보이지만, 한식을 표방하는 만큼 특히 맛깔스러운 밥 요리가 인상적이다. 그중에서도 성게알비빔밥은 이집의 시그니처 메뉴로 인기가 자자하다. 고소한 김소스와 아삭한 채소, 바삭하게 튀긴 조, 성게알을 넣어 비벼 먹는데 입안에서 톡톡 튀는 식감과 산뜻한 감칠맛에 감동이 밀려온다.
이밖에 보쌈밥, 감자옹심이 등 우리 한식 메뉴에서 아이디어를 가져온 많은 메뉴들이 인기를 얻고 있다.
다른 요리도 그렇지만 디저트 역시 모양새가 너무 예뻐 먹기가 아까울 정도다. 페이스트리 셰프가 따로 있는데 미국 CIA출신으로 뉴욕에서 초콜릿 공예 상을 받을 만큼 솜씨가 출중하다. 단지 기교만 화려한 것이 아니라

풍부한 정서를 담아내는 아이디어 가득한 디저트로 즐거움을 준다.
임 셰프는 미국과 유럽에서의 경험을 바탕으로 이곳에서만 맛볼 수 있는 창작 메뉴들로 구성된 코스 요리를 선보인다. 샐러드, 라이스엔 누들, 메인, 디저트 순으로 제공되는데 메뉴판이 참 독특하다. 뉴욕의 정식당에서 사용하는 것과 동일한 디자인으로 각 파트별로 선택의 폭이 꽤 넓어 스스로 메뉴를 구성할 수 있게 만들어져 있다. '놀라운 닭', '합전에 눈이 내리면', '비빔' 등 메뉴 이름도 재미있다. 레시피가 기발나고 새롭기 때문에 서빙 직원과 충분한 대화를 통해 메뉴를 정하는 것이 이집에서 맛있는 요리를 즐길 수 있는 비결이라 하겠다. 단체손님의 경우 미리 메뉴판을 메일로 받아 원하는 요리를 정하고 가는 편이 좋다.
식당 내부는 심플하면서도 깔끔하다. 한 면 전체가 통 유리창이라 건물 밖의 플라타너스와 은행나무 잎으로 뒤덮여 계절의 흐름을 즐길 수 있다.
찾는 손님은 젊은 층부터 나이든 분까지 폭이 넓은 편.
정식당에서 제일 욕심나는 부분은 와인과 음식에 대해 완벽하리만큼 풍부한 지식을 갖춘 서빙 직원들이다. 업어가고 싶을 만큼 맘에 쏙 드는 서빙 매너에 탐이 난다. 주방에서 공들여 만든 음식을 제대로 대접해주기에 비즈니스 접대나 중요한 모임을 갖기에도 좋은 곳이다. *Recommended by SDM*

01　02　03

01 정식샐러드 셰프 이름을 붙인 샐러드로 뉴욕점에도 동일한 메뉴가 있다. 김소스를 곁들인 상큼한 샐러드로 김의 한국적인 맛, 비네거의 새콤한 맛, 채소의 아삭하고 시원한 맛이 잘 어우러져 입맛을 돋운다.
02 항정살 돼지고기 항정살을 콩피, 스모크, 시어 3단계로 조리했다. 바삭하고 부드러운 두 가지 식감과 살짝 스치는 스모크향이 미각을 자극한다. 무, 대파, 양파 장아찌와 함께 짭쪼름한 장아찌 소스를 곁들여 개운하게 즐길 수 있다.
03 키운 마치 작은 꽃화분을 연상시키는 정교한 디저트. 식물을 키운다에서 따온 이름이 독특하다. 초콜릿 화분 안에는 오렌지 크림치즈를 넣어 상큼하고 부드러운 풍미를 냈다.

Chef 임정식

세계 3대 요리학교 중 하나인 미국 CIA를 졸업하고 뉴욕 '불리', 스페인의 미슐랭 쓰리스타 레스토랑 '아케라레' 등에서 경력을 쌓았다. 2009년 서울에 창조적인 뉴코리안 스타일의 '정식당'을 연데 이어 2011년 뉴욕에 2호점을 내고 2012년 미슐랭 별 한 개를 받았다. 언제나 더 새롭고 맛있는 요리를 향한 끊임없는 열정으로 미식가들의 관심을 모으고 있다.

INFOMATION

Tel	02-517-4654
Address	서울시 강남구 신사동 649-7 아크로스빌딩 3층
Open	낮 12시~오후 3시30분 오후 6시~10시30분
Menu	런치코스 4만4천~7만7천원 디너코스 11만~13만2천원
Room	2개
Parking	발렛서비스

KOREAN

한식의 세계화를 앞장서는 모던한 반가음식

품

POOM SEOUL

귀한 외국손님에게 우리 음식문화를 자랑하고 싶을 때면 남산의 한식 레스토랑 '품'이 떠오른다. 이곳은 우선, 기품 있는 갤러리 같은 분위기에 마음이 넉넉해지고 정갈한 맛과 세련된 담음새에 어느 누구와 함께 가도 어깨가 으쓱해진다. 우리나라에 이처럼 멋진 한식 레스토랑이 있다는 것만으로도 자부심이 느껴진다.

품은 푸드스타일리스트 노영희, 한국 궁중음식의 전수자 한복진, 전문 경영인 황건중 등 각분야의 전문가가 의기를 모아 만든 한식 레스토랑이다. 서울을 시작으로 뉴욕, 파리, 동경 등 세계 시장에 진출해 한식의 세계화를 향해 성큼 나아갈 계획이다.

내부는 요리 뿐 아니라 예술적인 스타일링에도 일가를 이룬 노영희 대표의 감각이 구석구석 살아있어 마치 미술관처럼 느껴진다. 하얀 색 주조의 모던한 실내에 장롱, 도자기, 물확 등 동양적인 색채가 가득한 오브제로 장식해 편안하면서도 품격이 있다. 한식당으로는 드물게 바처럼 꾸민 오픈 주방의 깔끔한 풍경이 인상적이다. 따로 룸이 있긴 하지만 시원스런 분위기가 좋은 홀 쪽을 더 권하고 싶다. 천장이 높은데다가 테이블간의 간격도 넓어 한결 여유롭다. 통창으로 보이는 바깥경치 또한 탁 트인 자연에서 식사하는 기분을 느끼게 한다. 전망으로만 보면 낮보다는 야경이 더 근사하며 석양 무렵 지는 해를 바라보는 운치도 꼭 느껴보길 바란다.

이곳에서는 30대 중반 이후의 비즈니스 접대가 많이 이루어지며 특히 외국손님을 모시고 오는 경우가 많다. 그 외에 요리를 공부하는 학생, 벤치마킹하려는 셰프나 식당운영자 등 앞서가는 이곳의 음식을 맛보려는 손님들도 꽤 된다.

이곳 음식은 한국의 품격 높은 반가음식을 기본으로 현대에 맞게 재해석한 새로운 스타일의 모던 한식이다. 제철에 나는 재료와 천연 양념만 사용하기에

음식에 진솔한 맛깔스러움이 흐르며 건강에도 이롭다. 좋은 재료의 맛을
최대한 살린 담백한 조리법으로 재료 하나하나가 가진 본연의 맛을 제대로
느낄 수 있다. 여기에 한국적인 미를 살리면서도 세계와 소통할 수 있는
믿스러운 그릇들이 음식 맛을 한층 더해준다. 이헌정, 이창하, 문지영 등 모두
유명 도자기작가의 작품에 음식을 담아내며 여기서 쓰는 모든 식기들은 따로
판매도 하고 있다.
품의 모든 음식들은 양념이 강하지 않고 슴슴하면서도 입안에 착착 감긴다.
섬세하고 우아한 맛이랄까. 때문에 외국인의 입맛에도 무리 없이 순하게
맞는다. 한국에 여행 왔다가 일부러 이곳을 찾아온 외국손님들을 종종 만날
때면 흐뭇한 미소가 절로 지어진다.
이곳엔 서빙하는 직원이 따로 없고 주방에서 음식을 만드는 셰프들이
번갈아가며 정성을 다해 음식시중을 들고 친절한 음식 설명과 함께 먹는
법까지 일러 준다. 음식 양도 이것저것 많지 않고 품이 많이 드는 음식을
정성스레 만들어 내놓아 고급스러움이 남다르다. 물 한잔만 봐도 검은콩이나
우엉을 정성스레 다려 구수한 우리의 맛을 담아낸다. 식전엔 주전부리로

| 01 | 02 |
| 03 | 04 |

01 **잣소금을 곁들인 송이버섯** 담양산 자연송이를 저며 썰어 송화가루를 약간 묻혀 낸 전채요리.

02 **쇠고기 채끝등심 구이** 한우 채끝등심을 오븐에 한 번 구운 뒤 다시 숯불에 구워 향을 더했다. 연겨자와 매실을 넣은 간장소스, 바삭하게 튀긴 마늘과 어우러져 양식 스테이크는 저리가라 하게 맛깔스럽고 풍미가 대단하다.

03 **밥과 두부전골, 세 가지 반찬** 코스 요리 후 식사로 내는 상차림. 두부버섯전골과 시원하고 깔끔한 맛의 배추김치, 톡톡 씹는 맛이 좋은 낙지 젓갈, 아삭하고 새콤한 매실 장아찌를 곁였다.

04 **배숙과 대추단자, 율란, 생란** 배숙은 배와 생강, 후추를 넣어 매콤달콤하게 끓인 우리 전통음료. 대추와 찹쌀로 만든 대추단자, 삶은 밤에 계피가루를 섞은 율란, 생강을 익혀서 매운맛을 빼고 만든 생란 등 모두 손이 많이 가지만 재료 자체의 맛을 잘 느낄 수 있는 정성어린 후식이다.

바삭하게 말린 대추와 구운 잣을 주는데 요리가 나오기 전에 간단히 식전주 한 잔 하면서 집어 먹기 좋다. 갈치구이처럼 가시가 있는 생선은 일일이 가시를 다 발라내어 주기 때문에 먹기에 아주 편안하다.

품은 100% 사전 예약제로 운영된다. 당일 예약은 받지 않는다. 최소한 하루 전날까지 예약해서 메뉴를 정해야한다. 메뉴는 전화 예약시 정성껏 알려준다. 전날 받은 주문에 따라 당일 새벽 장을 봐서 음식을 장만하기에 신선한 맛을 즐길 수 있고 낭비도 없다. 찬 것은 차게, 뜨거운 것은 뜨겁게 즐길 수 있도록 모든 요리는 코스로 제공된다. 이곳은 특히 단골손님이 많기에 메뉴의 다양화에 꽤 신경을 쓴다. 각고의 노력으로 한 달에 한 번씩 코스메뉴를 바꿔주는 것은 물론, 같은 계절이라도 지난해의 음식과 조금 다르게 변형해서 선보인다. 채식주의자를 위해 동물성 재료를 전혀 쓰지 않는 채식코스도 선보이고 있다.

주차장을 이용하려면 네비게이션 주소 대신 남산순환도로를 타고 남산시립도서관에서 하얏트 호텔 쪽으로 약 3백미터 진행하다가 대원정사간판 옆 출입구로 진입하면 된다. *Recommended by SMS*

Chef 노영희

품의 대표이자 총괄 셰프. 푸드스타일리스트로서 최고의 길을 걸어온 그녀는 우리나라 음식을 세계에 알리는 음식대사가 되겠다는 포부를 가지고 있다. 품은 그 기초를 다지는 작업 중의 하나. 매해, 매달 다른 계절의 미각을 우리 음식에 담기 위해 재료 연구는 물론 메뉴개발에 열정을 쏟고 있다.

INFOMATION

Tel	02-777-9007
Address	서울시 용산구 후암동 358-17 대원정사빌딩 별관 4층
Open	낮 12시~오후 3시 오후 6시~10시
Menu	점심코스 5만7천7백5십~8만8백5십원 저녁코스 11만5천5백~28만7천5백5십원 채식코스 (점심 8만8백5십원, 저녁 17만3천2백5십원)
Room	2개
Parking	발렛서비스

09
KOREAN

500년 전통 한옥에서 즐기는 궁중 한정식

필경재

PHIL KYUNG JAE

수서성당 바로 옆, 근처 아파트와 대비되는 고즈넉한 전통 가옥 한 채가 있다. 한식 레스토랑 필경재다. 이곳은 일반 레스토랑이기 전에 세종대왕 다섯째 아들이 살던 500년 역사의 전통 사대부 가옥이다. 문화 관광부가 전통 건조물 제 1호로 지정한 뒤 한국의 맛과 멋을 알려달라는 정부의 요청에 따라 1999년 궁중 한정식 레스토랑으로 문을 열었다.

대문을 들어서면 그윽한 전통의 멋이 풍경소리와 함께 다가온다. 솜씨 좋은 붓놀림으로 쓴 현판의 '필경재'는 반드시 웃어른을 공경할 줄 아는 자세를 지니고 살라는 뜻으로 건립 당시 지은 옥호다. 원래는 아흔 아홉 칸이었으나 오랜 세월 많은 부분이 유실 되고 안채와 사랑채가 남은 것을 해체 복원하여 새롭게 단장했다.

500년 역사를 이고 지고 온 그 세월에는 쉽사리 흉내 낼 수 없는 고매함이 담겨있다. 우아한 곡선의 처마와 반듯한 소나무, 장인이 공들여 만든 문살, 세월이 묻어나는 댓돌까지 모든 것이 조화를 이루고 있다. 식사와 함께 한옥의 운치를 만끽 할 수 있는 도심 속의 명소라고 할까. 그래서 이곳에 오면 서둘러 방으로 들어가지 말고 한동안 정원을 거닐며 한옥의 아름다움에 꼭 매료되어 보길 권한다.

필경재는 곁에서 언뜻 보면 레스토랑처럼 보이지 않는다. 길가에 세운 간판에 따로 음식점 표시를 하지 않은데다가 조리시설이 안채 뒤편 눈에 띄지 않는 곳에 있기 때문이다. 긍지실, 소유헌, 충효당, 이호당 등 4채의 별채로 이루어져 있는데 별채의 룸들은 열고 닫을 수 있는 문으로 연결된 구조로 4~50명까지 다양한 인원을 수용할 수 있다. 때문에 소모임부터 웬만한 행사까지 여유롭게 치를 수 있다.

방안은 한옥 특유의 서까래를 노출시키고 한지 바른 창문, 간결한 장식 등으로 무척 단아하고 정갈하다. 교황, 각 나라 국빈 등 그동안 이곳을

방문했던 귀빈들의 사진과 이씨 종가에서 내려오는 조상의 유품이 걸려 있어 오랜 세월의 흔적을 엿볼 수 있다. 통창으로는 식사하면서 4계절의 운치 있는 한옥의 멋을 감상할 수 있다.

한옥의 멋에 취했다면 이제는 맛에 반할 차례다. 음식은 깔끔하고 담백한 전통 한정식 코스 6가지를 선보이는데, 재료 고유의 맛과 향을 살리는 전통 조리법으로 외국인들의 입맛까지 사로잡는다. 대대로 내려오는 이집만의 비법으로 장을 담가 음식의 기본 간을 하고 있기에 음식 맛의 깊이가 남다르다. 궁중요리와 함께 안주인에게 이어져온 여러 가지 전통 요리도 상에 오른다. 그중에서 궁중보쌈김치와 간장게장은 인기 메뉴로 자리 잡아 따로 포장판매까지 하고 있다. 낙지 등 해물을 넣고 담근 보쌈김치는 알싸하게 톡 쏘는 김칫국물과 아삭한 식감, 맵지 않으면서도 개운한 맛이 각별하다. 간장게장도 짜지 않고 비린 맛이 없으면서 부드러운 속살에 녹아든 깊은 맛으로 인기가 자자하다. 깔끔한 모양의 칠절판, 신선한 육회와 떡갈비, 정성어린 신선로와 귀한 전복초에 이르기까지 이곳에서는 눈과 입이 호사를 누린다.

01 02
03 04

01 떡갈비 한우 갈비살을 정성스레 다져서 양념한 다음 모양을 잡아 참숯에 구운 것으로 이 집의 인기 메뉴.
02 대하찜과 도미찜 색색의 고명을 올려 정성스럽게 쪄낸 대하요리. 담백하지만 새우 본연의 감칠맛을 잘 살린 음식으로 슴슴하게 양념하여 쪄낸 도미찜과 함께 외국인들에게도 인기가 좋다.
03 칠절판과 신선로 표고, 쇠고기, 당근, 애호박, 달걀 황백지단 등 빛깔 고운 7가지 음식을 밀전병과 함께 낸다. 갖은 채소와 육류, 정성어린 고명이 어우러진 전통의 맛 신선로도 이집의 자랑거리.
04 육회 배, 당근, 피망, 적채, 밤 등 색색의 채소와 과일을 곁들여 담백하고 상큼하게 즐길 수 있다.

음식은 한식이지만 자극적이지 않다. 손님 중 반 이상이 외국인이기에 일부러 짜고 매운 맛을 배제했다. 음식의 빛깔과 담음새는 모두 정갈하고 단아한 한국의 멋이 느껴진다. 우리 음식의 맛은 손맛이고 손에 담은 것은 정성이라 했던가. 이곳을 찾는 모든 이들은 사대부의 귀한 손님 대접을 받고 돌아간다. 외국 손님이 오실 때면 이곳을 자주 찾는 이유이기도 하다. 어디 외국 손님 접대뿐이랴 비즈니스 모임이나 가족 모임, 상견례 장소로도 만족스러운 곳이다. 예약제로 운영되기 때문에 사전예약은 필수다. *Recommended by SMS*

Owner 이병무

광평대군의 후손이자 숙종 때 영의정을 지낸 녹천 이유의 11대 종손. 한국의 맛과 멋을 알리기 위해 500년 전통을 지닌 조상의 고택을 기꺼이 한식 레스토랑으로 오픈하고 가문에 내려오는 비법 요리들과 함께 궁중요리를 선보이고 있다.

INFOMATION

Tel	02-445-2115
Address	서울시 강남구 수서동 739-1
Open	낮 12시~오후 3시
	오후 6시~10시
Menu	오찬 4만2천~18만2천원
	(주말에는 6만6천원부터)
	만찬 8만5천~18만2천원
Room	13개
Parking	발렛서비스

ITALIAN & CONTEMPORARY
이탤리언 & 컨템퍼러리

그란구스또 GRAN GUSTO

더 키친 살바토레 쿠오모
THE KITCHEN SALVATORE CUOMO

라 쿠치나 LACUCINA

미 피아체 MI PIACE

본 뽀스또 BUON POSTO

빌라 소르티노 VILLA SORTINO

쁘띠끄 블루밍 BOUTIQUE BLOOMING

남베101 NAMBE101

더 그릴 THE GRILL

더 믹스드 원 THE MIXED ONE

보르 드 메르 BORD DE MER

엘본더테이블 ELBON THE TABLE

이사벨 더 부처 ISABELLES THE BUTCHER

깨끗하고 정직한 맛의 웰빙 이탈리안 레스토랑
그란구스또
GRAN GUSTO

수많은 식당들이 들고나는 강남에서 10년 가까이 우직하게 한자리를 지켜온
그란구스또. 50년 이상 가는 양식당을 만들 요량으로 직접 번듯하게 건물을
짓고 날마다 새벽시장을 다니는 이경태 셰프의 이탈리안 레스토랑이다.
이제 초로의 나이에 접어든 그를 볼 때면 백년동안 절대로 식당 문을
닫지 않겠다고 고객과 약속한 도쿄 우카이그룹 회장의 뚝심이 느껴진다.
우리나라에도 그런 양식당이 없을까 늘 부러웠기에 이 셰프에게 존경과
감사의 마음이 절로 든다.
이집에 들어서면 10여년의 지난 세월이 느껴지지 않는다. 견고하고
미니멀하게 지은 건물 외관부터 유리와 금속을 매치해 단순하게 꾸민
실내까지 전혀 뒤떨어지지 않는 분위기를 내고 있다. 1층과 2층의 복층
구조인데 시원스레 2층까지 뚫린 전면의 창 너머로 곧게 뻗은 푸른
대나무들이 인상적이다. 룸은 따로 없지만 아늑한 2층에서 회식이나 모임을
가시면 좋겠다. 실내의 아기자기한 꽃과 사랑스러운 테이블 세팅은 모두
이 셰프 아내의 아이디어로 직접 새벽 꽃시장에 가는 수고로움을 마다하지
않는다. 꼭 닮은 부부의 모습이다.
그란구스또는 영어로 Great Taste 라는 뜻. 이집의 음식은 이탈리아
중에서도 남부 시칠리아 풍의 해산물 요리가 강세다. 지중해 스타일의 심플한
조리법으로 재료 본연의 맛을 잘 살려낸다. 때문에 신선한 재료의 구입이
생명. 이 셰프가 매일 새벽 장을 보는 이유가 여기에 있다. 싱싱한 재료를
보는 순간 이집만의 데일리메뉴가 결정되고 손님들은 매일매일 그날의
식재료에 따라 다른 요리를 맛볼 수 있다. 가장 신선한 제철재료를 저렴하게
구입하는 덕분에 가격도 합리적이다. 그래서 그의 데일리 메뉴는 전체
손님 중 70%가 넘게 찾을 정도로 인기가 자자하다. 데일리코스 외에 피자,
스테이크, 파스타, 해산물 등 단품메뉴도 다양하다. 모임이 있을 때는 원하는

가격에 맞춰 세트를 구성해주기도 한다.
이 셰프는 한국의 식재료를 이탈리아 요리에 알맞게 접목시키는 재주가 뛰어나다. 딱히 유명한 요리스쿨을 나온 것도 아니다. 오랫동안 요리사를 꿈꾸며 자신의 주방에서 수없이 만들며 쌓은 경험의 노하우와 타고난 본능의 하모니랄까. 이집의 시그니처 메뉴인 고등어파스타도 이탈리아에서 즐겨 먹는 정어리요리에 착안해서 만든 것으로 우리입맛에 꼭 맞아 인기가 자자하다. 신선한 생물 고등어만을 사용해 비린내가 없고 특유의 고소한 맛과 대파의 달큰한 감칠맛이 어우러진 웰빙 파스타로 이탈리아 본토 사람들도 먹어보고 무릎을 쳤다고 한다. 고등어 외에 삼치, 전어 등 제철에 흔하게 나는 우리 생선과 허브의 궁합을 맞추어 이집만의 특별한 파스타를 만들어 낸다.
이 셰프는 음식을 만들 때 건강을 가장 먼저 생각한다. 일체의 화학조미료를 쓰지 않고 소스나 육수, 드레싱, 피클 등 모든 것을 100% 만들어 쓴다. 그가 구입하는 공산품이라곤 토마토 통조림 정도. 음식 맛도 이탈리아 남부 스타일인데도 강하지 않고 깔끔하며 아주 부드러운 가운데 매콤하거나 감칠 맛 등으로 포인트만 살짝 준다. 요즘의 핫한 요리사들이 만들어내는 스파이시함 대신 마치 과거로 돌아간 듯 정직하고 깨끗한 맛 그자체로 먹을수록 입맛이 당기며 편안하다. *Recommended by SDM*

01 02 03

01 고등어 파스타 제주도산 고등어를 허브와 올리브오일에 재워 비린내를 없애고 향긋함을 더했다. 페페로친니의 매콤한 맛과 대파의 단맛이 어울려 우리 입맛에 꼭 맞는다. 탱탱하게 잘 삶아 긴장감 느껴지는 스파게티면의 질감도 굿.
02 콜드 애피타이저 모듬 허브와 레몬에 향긋하게 재운 고등어초절임과 프로슈토멜론, 닭고기테린. 모듬으로 담아내어 조금씩 다양하게 맛볼 수 있다.
03 랍스타 그라땅 신선한 랍스타를 그라땅 한 뒤 샤프란 리조또를 곁들여 식사를 겸할 수 있다. 샤프란의 노란 빛깔과 우아하고 섬세한 향이 입맛을 돋운다.

Chef 이경태

미국에 MBA과정을 공부하러 갔던 젊은 시절 풍부한 식재료와 메뉴에 반해 요리사가 되고 싶었지만 부모님 만류로 쉰이 되어서야 꿈을 이루었다. 요리할 때가 가장 재밌고 행복하다는 그는 재료의 궁합을 잘 맞추는 재능을 타고 났다. 건강을 생각하는 정직한 맛과 합리적인 가격으로 인기를 끌고 있다.

INFOMATION

Tel	02-556-3960
Address	서울시 강남구 대치동 962-11 엘포트빌딩 1층
Open	오전 11시30분~오후 3시 오후 5시 30분~11시 30분
Menu	런치코스 2만2천~7만1천5백원 디너코스 4만2천9백~11만원 파스타 2만3천1백원
Room	없음
Parking	발렛서비스

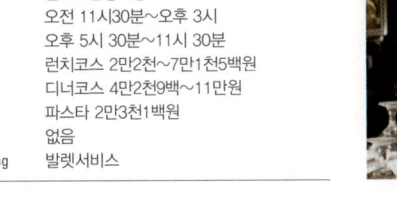

11
ITALIAN

정통 나폴리의 맛과 멋
더 키친 살바토레 쿠오모
THE KITCHEN SALVATORE CUOMO

나폴리를 여행하면서 맛본 뒤 잊을 수 없었던 장작불 화덕의 담백하고 쫄깃한 피자! 더키친 살바토레 쿠오모는 나폴리 특유의 맛과 즐거움까지 온전히 담아낸 정통 나폴리탄 퀴진 레스토랑이다. 이곳에선 국내 최초로 나폴리 피자 협회 인증을 받은 피자를 비롯해 최상의 재료로 정성스레 준비한 파스타, 메인요리 등 나폴리의 향기가 가득한 다양한 요리들을 만날 수 있다. 그랜드셰프 살바토레쿠오모는 일본의 스타 셰프이자 레스토랑 프로듀서로 고향인 나폴리의 맛을 그대로 전수하고 있다.
메인 홀은 따뜻한 느낌의 원목과 벽돌로 모던한 분위기. 특히 요리의 전 과정을 마치 극장처럼 감상할 수 있는 오픈 키친이 돋보인다. 깔끔한 주방에서 피자도우를 만드는 등 분주하게 요리하는 모습 자체가 맛있는 음식을 기다리는 즐거움을 더해준다. 또한 이탈리아어로 손님을 환영하고 주문하고 서로 소통하는 주방과 홀 직원들의 모습에 매우 이국적인 느낌과 함께 흥겨움, 활기참을 만끽할 수 있다.
이곳의 오픈 키친에는 나폴리 장인이 손수 만든 장작 화덕이 있다. 우리나라에 단 4개 밖에 없는 정통 나폴리식 화덕으로 480도 고온에서 나폴리 특유의 피자 맛을 내주는 일등공신이다. 사실 피자 반죽 재료는 동일하지만 어떻게 굽느냐에 따라 그 맛이 미묘하게 달라지는데, 나폴리 피자는 오로지 이 나폴리식 화덕에서 구웠을 때 본고장의 맛을 제대로 낼 수 있다. 오픈 키친의 화덕에서 피자가 구워지는 모습도 색다른 볼거리다.
메인 홀 뒤편으로 선라운지가 있다. 벽과 천장이 창문으로 이루어진 공간이기에 매일 바뀌는 날씨를 바로 느끼며 여유롭게 식사할 수 있다. 아늑함이 느껴지는 독립된 공간으로 메인 홀이 활기차고 역동적인 분위기라면 이곳은 차분한 분위기로 비즈니스 모임이나 상견례 장소로 좋다. 대관 행사도 가능하며 원하는 대로 맞춤형 코스메뉴를 따로 짜주기 때문에 소규모 파티를

열기에도 적당하다. 봄에서 가을이면, 야외와 맞닿은 테라스에서 나폴리의 어느 노천 레스토랑에 있는 듯 이국적인 분위기를 만끽할 수 있다.

메뉴는 피자와 파스타, 안티파스토, 메인요리, 디저트 등으로 풀코스를 나폴리 스타일로 즐길 수 있다. 피자는 토마토베이스, 치즈베이스, 스페셜로 크게 나누는데, 엔초비나 올리브, 루꼴라 등 토핑을 원하는 대로 추가할 수 있다. 이집의 베스드 피자로는 난닌 세계피자대회에서 챔피언을 수상한 피자 D.O.C를 꼽을 수 있는데 다른 집에서는 맛볼 수 없는 신선하고 쫄깃한 반죽과 버팔로치즈, 체리토마토, 바질을 듬뿍 올려 상큼한 맛이 기막히게 어우러진다. 파스타로는 지난 4년간 꾸준히 인기를 끌어온 봉골레를 추천한다. 조개와 서양호박을 넣은 나폴리식 파스타로 마치 조개칼국수에 애호박을 송송 썰어 넣는 우리식 조리법과 닮은 재미있는 음식이다.

전채요리부터 메인, 디저트까지 각 파트별 '오늘의 메뉴'도 눈여겨보기 바란다. 그날그날 준비한 제철의 신선한 재료로 소량으로만 만들기에 독특하고 알찬 요리를 만날 수 있다. *Recommended by SMS*

01 02 03

01 **피자 D.O.C** 최상급의 바질, 체리 토마토, 버팔로 치즈가 들어가며 장인이 만든 화덕에 구워 나폴리 본고장의 맛을 살렸다.
02 **블랙 트러플과 제철 채소의 크림소스 페투치니 생면 파스타** 커다란 치즈 통에 뜨거운 크림소스 파스타를 넣고 쓱쓱 버무려 치즈의 농밀한 맛을 녹여냈다. 생면의 부드러움과 치즈의 풍미가 어우러진 이국적인 맛을 즐길 수 있다.
03 **나폴리풍 소볼살과 등갈비 토마토 스튜** 이탈리아 남부 나폴리지방의 요리로, 소볼살을 뭉근히 끓여 특유의 부드러우면서도 쫀득한 식감이 좋다. 짭조름한 소스로 와인과 궁합이 잘 맞는다.

Chef 강우석

나폴리 피자협회에서 주관하는 베라피자 아시아 대회에서 수상한 실력파. 이탈리아 요리 경력 12년으로 일본의 살바토레에서 6개월간 나폴리 피자의 노하우를 익히고 2008년 살바토레와 함께 이곳을 오픈했다. 나폴리 본고장의 특징을 잘 살린 다양한 메뉴를 개발 중이다.

INFOMATION

Tel 02-3447-0071
Address 서울시 강남구 신사동 642-2번지 1층
Open 오전 11시30분~2시30분
카페타임 오후 2시 30분~오후 5시
오후 6시~11시
Menu 파스타 1만1천~3만5천원
피자 1만5천~3만1천원
셰프테이스팅코스 8만8천원
Room 없음
Parking 발렛서비스

12
ITALIAN

22년 전통, 우리 입맛에 맞게 토착화된 이탈리아 요리
라 쿠치나
LA CUCINA

오픈 한 지 벌써 22년. 라 쿠치나는 우리나라 로컬 이탈리안 레스토랑의 효시라고 할 만큼 역사와 전통을 자랑한다. 오픈 초기엔 정통 이탈리안 레스토랑이 드물어 줄 서서 먹던 집이다. 지금도 그 명성 그대로 대를 이어 손님이 찾고 있으니 이 치열한 경쟁의 세계에서 얼마나 대단한 일인가! 그만큼 각고의 노력과 열정이 뒷받침 되었으리라.
라 쿠치나는 외관이 참 독특하다. 원래 갤러리였던 건물로 예전엔 라 쿠치나와 멋진 미술품을 볼 수 있는 전시장이 같이 있었다. 지금도 이곳엔 미술에 안목이 대단한 오너의 귀한 소장품들이 번갈아가며 걸린다. 입구는 계단을 내려가게 되어있어 컴컴한 지하가 아닐까 오해를 하지만 실내에 들어서면 널찍한 창을 통해 남산을 바라볼 수 있는 툭 트인 공간을 만나게 된다. 내부는 고가의 앤틱 가구들과 유명작가의 사진과 그림, 화사한 생화장식으로 우아하고 고급스러운 분위기를 물씬 풍긴다.
22년간 한 플로리스트가 매주 세 번씩 외서 유럽스타일의 꽃꽂이로 꾸미고 있는 것 하나만 봐도 그동안 이 레스토랑을 변함없이 가꾸고 유지해온 정성을 엿볼 수 있다.
이곳의 가장 큰 장점은 호텔 버금가는 격조 있는 서비스와 음식. 음식을 서빙하는 직원들의 깍듯한 태도가 무척이나 정중하다. 품격 있게 꾸민 룸이 있어 비즈니스 모임을 하려는 손님들이 많은데, 주변의 대사관이나 외국계회사, 바로 앞의 하얏트호텔 등에서 외국손님들도 많이 오는 편. 남산 쪽을 조망할 수 있는 테라스는 꽤 널찍해서 22명 정도를 수용할 수 있는 스페셜 룸으로 활용할 수 있다. 메뉴도 정해져 있긴 하지만 손님이 원하는 기호에 따라 세세히 맞춰주는 서비스를 하고 있다.
이집의 음식은 요즘 유행하는 시류를 쫓는 화려한 맛은 아니다. 그동안 고객들이 좋아했던 맛을 그대로 이어가는 정통의 클래식한 맛이라고 할까.

오랜 시간 동안 찾아준 손님의 취향이 스며들어 나름 토착화된 이탈리안 요리를 내놓고 있다. 식자재 자체의 자연스러운 맛을 제일 중요시하며 진심과 정성을 담아 만든 음식을 내추럴하게 담아낸다.
주방을 총괄하는 정 민수 셰프는 제철에 찾아낸 좋은 재료로 계절메뉴 올리기를 즐겨한다. 대개 6개월에 한 번씩은 단품 메뉴를 바꾸고 코스메뉴들은 거의 매달 변화를 준다. 코스메뉴는 전채와 수프, 후식 등은 같고 메인을 무엇을 고르느냐에 따라 가격대가 달라진다. 이집의 장수 메뉴로는 깊은 맛의 양파수프, 시저샐러드, 비프카르파쵸, 양갈비, 데미글라스소스의 안심스테이크 등. 생선요리도 꽤나 인기가 높다.
정 셰프는 좋은 식자재를 구하기 위해 대한민국 어디든 누비지 않는 곳이 없다. 시저샐러드에 꼭 맞는 로메인레터스 하나를 얻기 위해 농가에 직접 재배를 부탁할 정도로 정성이 대단하다.
이탈리아 요리의 대명사 파스타는 주로 수입건면을 쓰고 있는데 생면보다 건면이 파스타 본연의 맛을 더 잘 표현해주기 때문. 드레싱이나 소스, 식전빵, 디저트를 비롯한 모든 음식들은 거의 주방에서 직접 만든 핸드메이드다. 후식으로 내놓는 아이스크림까지도 건강에 좋은 채소나 견과류로 직접 만들고 있다. *Recommended by SDM*

01 02 03

01 램소스를 곁들인 양갈비 스테이크 1년 안된 어린 양 갈비를 허브오일에 마리네이드해서 양고기라는 느낌은 있지만 향은 진하지 않다. 겉은 바삭하고 속살은 부드러운 식감. 이집의 베스트메뉴로 자주 순환이 되기 때문에 언제나 신선한 양갈비를 즐길 수 있다.
02 트러플소스를 곁들인 구운 관자 팬에 구운 큼직한 관자의 풍미와 익힌 엔다이브의 쌉싸름한 즙, 시원한 향이 잘 어울리는 전채요리. 고가의 신선한 트러플을 저며 올리고 역시 트러플크림소스를 뿌려 진한 트러플의 향을 충분히 냈다.
03 신선한 꽃게살과 쪽파가 들어간 오일소스의 스파게티니 꽃게를 익히지 않고 살아있는 꽃게에서 바로 발라낸 신선한 게살을 마지막에 살짝 스파게티와 버무려냈다. 혀에 살살 녹는 부드러운 게살의 질감을 그대로 느낄 수 있으며 꽃게 스탁의 감칠맛에 폭 배인 스파게티니의 맛도 훌륭하다.

Chef 정민수

요리경력 23년차. 그가 요리에서 가장 중요하게 생각하는 것은 기교보다 식재료 본연의 맛. 주변에 풍부한 한식 재료를 어떻게 양식으로 풀어낼까 늘 연구하는 열성파다. 날마다 새벽시장을 다니는 것은 물론 지방의 좋다하는 농장이나 산지를 찾아다니며 손님상에 올릴 식재료를 발굴하려는 열정이 대단하다.

INFOMATION

Tel	02-794-6005
Address	서울시 용산구 이태원 2동 258-7 라쿠치나빌딩 지하 1층
Open	낮 12시~오후 3시 오후 6시~10시
Menu	점심코스 3만8천~5만2천원 저녁코스 7만9천~10만8천원 파스타 2만~3만원대
Room	3개
Parking	발렛서비스

13
ITALIAN

청담동의 터줏대감, 편안한 이탈리아식 가정요리
미 피아체
MI PIACE

미 피아체는 이태리어로 'I LIKE' 라는 뜻. 그 말처럼 정말로 좋아할 수밖에 없는 정겨운 분위기와 우리 입맛에 꼭 맞는 이탈리아요리를 선보이는 곳이다. 화려하진 않지만 기본에 충실하게 제대로 맛을 내는 매력적인 식당이라고 할까.

인테리어는 단출한듯 하면서도 깔끔한 테이블세팅이라든가 작지만 싱그러운 생화가 편안하고 아기자기한 느낌을 준다. 1층과 2층으로 되어있는데 2층은 주로 단골손님 위주로 예약을 받는다. 이집의 단골손님들에게는 특별한 혜택이 주어진다. 자주 오시기에 메뉴표에 없는 주방장 특별 요리들도 선보이고 사계절 때맞춘 제철 재료로 만든 멋진 이탈리아 요리를 맛볼 수 있다. 단골이 아니더라도 원하는 가격과 인원에 맞춰 식단을 짜주기 때문에 만족스런 식사를 즐길 수 있는 것은 물론이다.

오픈한지 올해로 꼭 10년째. 청담동의 터줏대감인 만큼 그동안 쌓인 베스트메뉴만도 꽤 많다. 손님들이 가장 좋아하던 인기 메뉴를 단품 메뉴로 고정해 놓았다. 그 무엇을 먹어도 다 맛있지만 특히 이집의 애피타이저는 이것만으로 메뉴를 구성해서 식사를 해도 즐거울 정도로 압권이다. 종류가 무척 많은데, 이탈리아요리답게 양도 푸짐해서 나눠 먹거나 한끼 식사로 먹어도 충분한 요리들이 많다. 이탈리아요리의 대표격인 피자가 없지만 다양한 애피타이저로 충분히 보완될 정도. 꼭 맛봐야할 애피타이저로는 문어라따뚜이, 시저샐러드, 소 천엽으로 만든 뜨리빠, 새우엔초비그라탕 등. 이 정도 주문해 나눠 먹으면 이집의 진가를 충분히 알 수 있으리라.

코스요리는 계절별로 메뉴를 바꿔주는데 특히 파스타 부분을 색다르게 준비하려는 노력이 엿보인다. 매우 다양하고 독특한 파스타가 있는데 그중에서도 성게알을 듬뿍 넣어 감칠맛을 제대로 살린 성게알토마토소스링귀니는 다른 수식어가 필요 없다. 그냥 맛있다라는

감탄사가 절로 나온다. 도가니스지리가토니도 다른 데선 맛보기 힘든 아주 독특하면서도 우리입맛에 잘 맞는 파스타. 탱글하면서도 말캉한 도가니가 토마토소스와 어울리는 그 참신한 매력이라니! 파스타나 리조또 모두 알덴데로 익혀져 나오기에 그 쫄깃한 식감도 아주 제대로다.
이집이 음식은 푹 깊히고 내추럴한 넛으로 식욕을 자극하는 매력을 한껏 풍긴다. 한식의 재료를 종종 쓰긴 하지만 조리방식은 이탈리아 본고장의 스타일 그대로 터프함이 배어있다. 토마토소스 한 가지만 보더라도 한국인이 좋아하는 고추를 넣고 충분히 조려서 바특하게 만들기에 토마토 특유의 신맛이 없고 매콤하면서 깊은 감칠맛이 아주 좋다.
주방을 이끄는 최민호 셰프는 요리할 때 허브를 많이 사용하지 않는다. 토마토소스 만들 때도 마찬가지인데 오레가노나 바질 등 강한 향의 허브 대신 월계수 잎 등 간단한 허브 한두 가지만 넣으면 오히려 토마토 본연의 프레시한 맛이 더 살아난다. 복잡한 재료 대신 그 음식의 맛을 살리는 가장 핵심이 되는 심플한 재료를 골라 쓰길 즐긴다. 유행에 휩쓸리지 않고 좋은 식자재로 본연의 맛을 살려 만들기에 자주 먹어도 질리지 않는 것일까. 미 피아체가 한곳에 오래도록 이렇게 인기를 누리고 있는 이유가 바로 여기에 있으리라.

Recommended by SMS

01 02 03

01 한치와 소프트쉘크랩 튀김 이집의 인기 애피타이저. 이집의 튀김은 반죽 옷을 씌우는 게 아니라 마리네이드로 재료를 양념한 뒤 바로 마른 밀가루에 버무려 튀기기 때문에 튀김옷이 따로 분리 되지 않고 딱딱하지 않으며 부드러우면서도 바삭하다.
02 가지라자냐 토마토 소스에 고기 다진 것을 넣고 장시간 끓여서 깊은 감칠맛을 끌어냈다. 베샤멜소스와 함께 라자냐 대신 가지를 켜켜로 넣고 구워 한 끼 식사로 충분!
03 도가니스지리가토니 스지와 도가니를 장시간 끓여서 토마토를 넣고 걸쭉하게 만든 소스! 구멍 뚫린 리가토니 면을 사용해 소스를 듬뿍 묻혀 먹기 좋다. 콜라겐 성분이 풍부해 여성들에게 특히 좋은 파스타.

Chef 최민호

요리 경력 14년 중에 미피아체에서만 7년이 넘었다. 그만큼 이곳 손님의 입맛을 잘 파악하며 미 피아체 베스트 메뉴를 이끌어온 장본인. 언제나 최고 품질의 식자재로 요리에 승부를 건다는 그는 한국인의 입맛에 맞는 이탈리아요리를 만들어내는 데 탁월한 감각을 뽐내고 있다.

INFOMATION

Tel	02-516-6317~8
Address	서울시 강남구 청담동 97-22 삼영빌딩
Open	낮 12시~오후 3시
	오후 6시~10시
Menu	런치세트 3만3천~4만원
	디너코스 8만8천원
Room	3개
Parking	발렛서비스

14
ITALIAN

이탈리아 본토 맛을 음미할 수 있는 최고의 공간
본뽀스또
BUON POSTO

이탈리안 레스토랑 본뽀스또가 청담동에 자리 잡은 지 무려 13년이 지났다. 요즘에야 맛있는 파스타 집들이 흔해졌다지만 몇 년 전만 해도 이곳처럼 이탈리아요리의 제 맛을 내는 곳이 드물었다. 수많은 레스토랑들이 들고나는 청담동에서 언제나 최고의 맛과 서비스로 한결같은 명성을 이어가는 그 저력에 기꺼이 박수를 보내고 싶다.

본뽀스또는 이탈리아어로 '좋은 장소'란 뜻으로, 패션디자이너 강희숙의 자연친화적인 건물 Table 2025의 지하와 1층에 자리 잡고 있다. '좋은 장소'라는 말 그대로 좋은 분위기 속에서 편안하게 음식과 대화를 나눌 수 있는 공간이다.

지하 1층은 본뽀스또의 메인 홀이다. 입구를 따라 오른쪽 와인 셀러와 왼쪽 높은 구들장 벽 사이를 지나면 탁 트인 홀에 들어선다. 홀 안쪽에 위용을 뽐내며 우뚝 서 있는 아이오니안 기둥은 본뽀스또의 상징물이다. 프렌치 마른과 하강암 슬레브로 된장된 홀 벽과 바닥이 샹들리에의 불빛에 은은하게 빛난다. 마치 고대 신전의 거대한 만찬장 같은 분위기로 고급스러운 소규모 파티나 웨딩을 열기에도 좋다. 같은 층 오픈 키친 쪽으로 이탈리안 커피 및 요리 재료, 베이커리 등을 판매하는 델리 코너도 있다.

1층에는 이태리 도시 이름을 딴 시에나, 만토바, 코모, 베로나 등의 크고 작은 모임을 위한 매력적인 프라이빗 룸이 있다. 특히 시에나룸은 전면 유리문을 통해 야외 테라스에서 커피마시는 사람들의 풍경을 감상하며 프라이빗한 식사를 만끽할 수 있다. 엔티크 대형 행거도어와 안이 들여다보이는 와인 셀러 그리고 아래층 홀에서부터 이어져 올라오는 아이오니안 기둥이 압권이다. 테이블 레이아웃에 따라 12명에서 많게는 28명까지 수용 가능해 소규모 가족 행사나 강좌 및 회식 등을 치르기에 알맞다.

본뽀스또는 정통 이탈리안 퀴진을 고집한다. 클래식하지만 고루하지 않고

참신하다. 최고의 재료만을 사용하여 주방에서 직접 구워내는 가정식 빵부터 본토 맛을 살린 파스타와 스테이크, 정성이 가득한 디저트에 이르기까지 멋과 맛의 품격이 수준급이다.

이집의 음식을 먹어보면 첫째는 건강식이라는 생각이 먼저 떠오르고 그다음엔 푸짐한 양과 맛깔스러움에 절로 흐뭇해진다. 그 맛의 비결은 함초소금과 바지락국물, 치즈 등 최상의 재료로 간을 맞추는 고집에 있다 이곳은 국내산 최상급 함초소금을 직접 볶아 갈아서 샐러드와 스테이크의 간을 맞추고 있다. 해산물파스타의 간은 따로 소금을 쓰지 않고 오로지 바지락 조개국물을 진하게 내서 감칠맛을 낸다. 까르보나라파스타에는 소금대신 파마산치즈가루를 넉넉히 넣어 깊은 풍미를 살리면서 간을 맞추는 식이다. 이렇듯 진실한 요리를 만들기 위한 주방의 수고를 누구보다 잘 알기에 존경심이 앞선다.

메뉴는 기호에 따라 단품과 코스요리 중에서 선택할 수 있다.
꼭 먹어봐야할 메인 메뉴로는 오늘의 본뽀스토를 있게 해준 일등공신 꽃게 파스타와 부드러우면서도 탄력이 느껴지는 채끝등심 스테이크.
전복 리조또, 오징어먹물치즈튀김, 상큼한 홍자몽 샐러드 등도 빼놓을 수 없는 베스트메뉴다. *Recommended by SDM*

01　02　03

01 참나무 숯불에 구운 여러 가지 야채와 버섯구이　신선한 채소를 이탈리안 드레싱에 가볍게 버무린 다음 참숯에 구운 버섯과 팬프라잉한 모짜렐라 치즈를 더했다. 소스가 시거나 강하지 않으면서도 치즈의 풍미와 버섯의 숯향이 어우러져 한입 가득 진한 이탈리아의 맛을 느낄 수 있다.

02 신선한 꽃게 소스로 맛을 낸 본뽀스또 특제 꽃게 파스타　오픈 초기부터 인기를 끌어온 베스트 메뉴로 하루 다섯 그릇만 한정 판매하고 있다. 신선한 꽃게의 살을 손으로 일일이 짜서 튀기듯이 볶아냈기 때문에 꽃게살의 부드러운 감칠맛이 그대로 살아있다.

03 참숯에 구운 최상급 한우 채끝등심 스테이크　포르치니 레드와인소스를 곁들여 달콤한 향기와 깊은 맛을 제대로 느낄 수 있다. 220g, 300g 두가지 그람수로 선택할 수 있는데, 제대로 숙성된 고기를 사용하기 때문에 고기의 탄력과 부드러움이 최고! 되도록 그릴에만 구워내 풍부한 육즙이 입안에 감돌며 함초 소금 알갱이가 살짝 느껴지면서 깔끔한 맛을 내고 있다.

Chef 성종경

이태리요리 경력 15년 중에 이곳에서만 10년 가까이 있었다. 손님이라기보다는 늘 내 가족을 위해 음식을 만든다는 정성어린 마음을 최고의 자세로 삼는다. 주방에서 그는 신선한 재료, 청결 같은 기본부터 다잡는다. 요리도 소스나 육수 같은 기본베이스를 가장 중시하기에 그의 요리는 언제나 흔들림이 없다.

INFOMATION

Tel	02-544-4081
Address	서울시 강남구 청담동 90-25 table2025 빌딩 1층
Open	낮 12시~오후 3시 오후 6시~10시
Menu	런치스페셜 3만6천3백~4만2천5백원 디너스페셜 8만8천원
Room	4개
Parking	발렛서비스

15
ITALIAN

이탈리아 본고장의 강렬한 풍미를 즐기고 싶다면
빌라 소르티노
VILLA SORITINO

이탈리아라면 슬로푸드 위원으로 활동하면서 꽤 자주 방문하던 나라다. 그곳의 내로라하는 이탈리아 식당에서 즐거운 만찬을 가지곤 했는데 그때 즐기던 그 맛을 이태원 빌라 소르티노에서 찾았다. 쉽게 타협하지 않고 줄곧 이탈리아의 맛을 그대로 지켜온 보기 드문 곳으로, 고유의 강렬한 풍미와 특징을 살린 단순하면서도 고급스러운 요리를 내놓고 있다.

내부는 지하층이지만 밝고 따뜻한 노란색 주조로 무척 아늑한 느낌이다. 이탈리아 남부라도 온 듯 여유롭고 넉넉한 분위기랄까. 초대주방장 산티노 소르티노의 부친이 그린 커다란 과일 그림들이 곳곳에 눈길을 끈다. 빌라 소르티노는 국내 최다수의 이탈리아 와인을 보유하고 있기에 곳곳의 와인셀러가 그자체로 독특한 인테리어가 된다. 별도의 룸 대신 분위기와 수용인원이 각기 다른 3개의 다이닝홀로 내부가 분리되어 있기 때문에 20~30명 정도로 규모가 좀 큰 모임을 갖거나 파티를 열기에 안성맞춤. 모임을 할 때는 원하는 가격과 메뉴로 음식의 세트구성을 맞춰주기 때문에 알차게 이탈리아 본고장의 맛을 나눌 수 있다.

셰프 양정원은 처음 이곳을 오픈 할 때부터 산티노 소르티노 셰프와 함께 전국 각지를 돌며 이탈리아 현지의 맛을 가장 근접하게 내주는 온갖 식재료들을 찾아 다녔다. 그 열정으로 발견한 신선하고 질 좋은 식자재들은 지금도 이집 음식의 근간이 되고 있다.

이집은 피자와 파스타, 전채요리, 스테이크 등 모든 메뉴에 이탈리아의 풍미가 강하게 배어있다. 간은 다소 센 편이지만 소금의 짠맛이 아니라 재료 자체를 농축하는 과정에서 얻어지는 깊은 짠맛이다. 요즘은 한국인의 싱거운 입맛을 반영해 조절을 많이 하고 있는 편. 간을 제외한 다른 조리법들은 고집스레 본토의 맛을 고수하고 있다.

파스타 메뉴만 봐도 다른 곳과는 차별되는 독특함으로 가득하다. 러시안 대게

살과 송로버섯 페스토, 구운 마늘과 올리브 오일로 고급스러운 맛을 한껏 낸 특선파스타는 이집의 시그니처메뉴로 인기만점. 몬탈치노 지역 스타일의 멧돼지 미트 소스에 버무린 파스타도 그릴에 구운 소시지까지 곁들여 매우 풍성하게 즐길 수 있다. 신선한 해산물과 샤프란크림소스로 맛낸 탈리아텔레 파스타 역시 송로버섯오일의 향기로움까지 더헤져 고소하고 깊은 풍미를 사냥한다.

전채요리인 안티파스토 중에서는 쇠고기를 얇게 잘라 양송이버섯과 루꼴라를 곁들여 샐러드처럼 차게 먹는 카르파쵸 디만조와 양송이버섯에 치즈를 채워 넣고 구워낸 풍기 알포르노를 권한다. 카르파쵸 디만조는 이집 전채요리 중 최고 베스트 메뉴로 산뜻하고 고소한 맛이 일품이고, 풍기 알포르노는 다소 무게감이 있는 맛으로 이 두 가지 모두 와인과 찰떡궁합.

스테이크 중에서는 그 두께에 먼저 압도되는 두툼한 티본스테이크, 비스떼까 알라 피오렌티나가 유명하다. 네다섯 명 정도가 충분히 먹을 수 있는 1.6 킬로그램 정도의 한우티본 부위를 주방에서 참숯그릴에 구워온 다음 식탁 옆에서 셰프가 직접 잘라 구운 야채와 함께 서빙한다. 로즈마리와 소금, 후추, 레몬즙, 올리브오일 등에 미리 재웠기에 그대로 먹어도 좋지만 손님의 식성을 생각해서 소스를 따로 곁들여준다. *Recommended by SMS*

01 02 03

01 비스떼까 알라 피오렌티나 최상등급의 한우 티본스테이크를 신선한 로즈마리, 레몬즙, 최상급 올리브 오일 등 이태리 피렌체 지역의 전통비법으로 양념해 참숯 그릴에 구워 낸다. 시간이 오래 걸리므로 하루 전에 사전 예약을 추천한다.

02 샤프란 크림소스의 해산물파스타 탈리아텔레 생면에 신선한 대하, 관자살, 체리토마토, 루꼴라를 넣고 해산물 육수와 샤프란 소스로 맛낸 파스타. 크림소스베이스 중 가장 인기 있는 베스트 메뉴로 샤프란 소스의 노란 빛깔과 송로버섯 오일의 섬세한 향이 무척이나 고급스럽다.

03 카르파쵸 디만조 전채요리 중 가장 베스트메뉴. 적당히 구운 부드러운 육질의 한우 슬라이스에 로즈마리 페스토, 신선한 양송이와 송로버섯 오일, 레몬드레싱, 파마산 치즈와 루꼴라를 곁들인 특선 전채요리. 얇은 쇠고기에 루꼴라와 양송이를 함께 쌈 싸듯이 먹으면 시원하면서도 고소하고 섬세한 맛이 일품이다.

Chef 양정원

이탈리아 요리에 입문한지 15년. 청담동 일마레에서 산티노 소르티노 셰프를 만나 1호점 소르티노에 이어 이곳까지 함께 왔다. 지금은 이곳을 총괄하며 심플하면서도 강렬한 이탈리아의 본토 맛을 고집스레 이어가고 있다.

INFOMATION

Tel	02-553-9000
Address	서울 용산구 이태원동 124-9 지하 1층
Open	오전 11시30분~오후 3시
	오후 5시30분~10시30분
Menu	점심코스 2만5천원~4만8천원
	저녁코스 8만~9만원
	스파게티 2만5천~3만2천원
Room	없음
Parking	발렛서비스

16
ITALIAN

자연의 풍요로움을 담아낸 환상의 프리젠테이션
쁘띠끄 블루밍
BOUTIQUE BLOOMING

바쁜 도시생활에 지칠 때면 문득 따뜻한 자연의 품에서 위로 받고 싶어진다. 그럴 때면 유독 쁘띠끄블루밍에 가고 싶다. 이집은 서울생활에 지친 내게 단 한 끼의 식사로 완벽하게 분위기를 전환시켜주는 조용하고 편안한 공간이다. 아래층의 넓고 붐비는 블루밍가든과 달리 그림과 카펫으로 장식된 계단을 올라 이곳에 들어서면 그닥 넓지 않은 실내에 몇 개의 테이블이 드문드문 놓여 있다. 자리에 앉으면 파스텔톤의 커튼사이로 계절이 변하는 풍광을 느낄 수 있어 더 좋은 집. 액자형 틀로 마감해 명화를 들여다보듯 요리하는 모습을 볼 수 있는 주방창, 재치 있게 자연을 표현한 식탁, 계절에 맞는 데코레이션들이 하나의 그림처럼 다가온다.

이집의 가장 인상적인 점은 눈이 먼저 행복해지고 그다음 따라오는 입의 즐거움이다. 음식을 근사하게 담아내는 레스토랑들은 종종 있지만 돌, 나무 등을 이용해 자연의 느낌을 가득 담아낸 프리젠테이션은 내가 아는 한 이집이 독보적이다.

김성운 셰프는 우리나라의 유명한 프렌치 레스토랑 팔레드고몽과 이탈리안 레스토랑 본뽀스또에서 요리 경력을 쌓은 베테랑이다. 쁘띠끄 블루밍이 처음 생긴 5년 전부터 자신만의 요리와 프리젠테이션 감각을 발전시켜온 그는 이제 이 분야를 이끌어나가는 선구자처럼 보인다. 음식에 카메라를 들이대는 손님들이 종종 있는데 주로 푸드 블로거이거나 그의 솜씨를 배우고 싶은 학생들이다. 그만큼 그의 프리젠테이션엔 창의적이고 깜짝 놀랄만한 재치가 담겨있다. 해외에서도 그의 담음새에 반한 손님들이 찾곤 하는데 그럴 때면 고향집 뒷산, 태풍에 쓰러진 소나무로 직접 만든 향기로운 그릇들을 하나씩 선물하기도 한다.

김 셰프의 고향은 3면이 바다인 태안반도다. 아직도 그곳에서 조개를 캐고 농사일을 하시는 부모님을 찾아뵐 때마다 요리에 대한 무궁무진한 아이디어가

떠오른다고 한다. 그의 모든 시도는 자연에서 얻은 것으로, 그의 요리를 마주대할 때마다 풍요로운 자연을 느낄 수 있다. 새순을 담아낸 샐러드에서는 새싹이 솟아오르는 봄철의 에너지가 느껴지고 작은 나뭇가지에 걸어 둔 알록달록한 칩들을 하나씩 떼어먹을 때면 가을날 단풍이 그려진다. 보여지는 섬세함처럼 음식 맛도 아주 깔끔하고 우아하며 전반적으로 많이 아단스럽더기나 깐이 세지 않다. 트러플, 캐비어, 푸아그라 등 고급 식재료와 함께 직접 찾아낸 우리나라 전역의 신선하고 좋은 재료들의 하모니가 잘 어우러진다.

메뉴는 단품요리 없이 점심코스 2가지, 저녁코스 2가지가 전부인데 곁들여지는 가니쉬나 재료에 따라 매일 메뉴표가 바뀐다. 자주 오는 단골고객들에게 같은 메뉴를 먹게 하고 싶지 않은 셰프의 정성어린 마음이 느껴진다. 모든 음식이 제 맛을 내고 있지만 바닷가 출신답게 특히 해산물 요리가 특별하다. 민어나 병어, 참돔 등을 주재료로 능숙하고 다양하게 맛있는 요리를 척척 해낸다.

이집의 또 하나 특별한 점은 요리에 대한 풍부한 지식을 갖춘 직원들의 친절한 설명이다. 음식 하나를 가져다 줄 때마다 곁들여지는 그 설명은 세심하고도 전문적인 수준으로 음식 맛을 한층 돋운다. *Recommended by SMS*

01 02 03

01 캐비어를 올린 굴 에스카비체 프랑스 양식기법으로 기른 태안산 오쏠레 굴을 고향 지인에게 특별히 부탁해 굴요리를 즐겨한다. 굴을 식초물에 담가 새콤한 맛을 들인 다음 짭쪼름한 캐비어와 레몬향기가 나는 소렐을 곁들여 애피타이저로 입맛을 돋게 한다.

02 셀러리악 퓨레의 등심 스테이크 이집에서는 등심도 안심처럼 모양을 잡아서 구워낸다. 향기롭고 나뭇결무늬가 특별한 소나무 플레이트에 뿌리 식물 데코레이션으로 정원의 느낌을 한껏 살렸다.

03 그린빈샐러드 눈의 호사를 만족시켜주는 샐러드. 메추리 수란을 깨뜨려 버무려 먹는다. 완두순은 우리나라에서는 자주 쓰지 않지만 서양에서는 콩나물처럼 흔히 쓰는 재료. 완두순을 일일이 세워 담아 봄날 뻗어가는 새순의 에너지를 표현했다.

Chef 김성운

12년의 요리경력을 가진 베테랑 셰프로 쁘띠끄블루밍 오픈 때부터 지금까지 4년여동안 자신만의 색깔로 독창적인 담음새의 이탈리아 요리를 보여주고 있다. 그는 특히 매일 근처의 백화점이나 고급 마켓에서 장을 본다. 그만큼 고 퀄러티의 재료를 사용하며 그렇게 준비한 한국 식자재를 이탈리아 요리에 멋지게 접목시킨다.

INFOMATION

Tel	02-518-1962
Address	서울시 강남구 신사동 623-4, 3층
Open	낮 12시~오후 3시
	오후 6~10시
Menu	런치코스 4만8천원, 6만8천원
	디너코스 9만원, 14만원
Room	없음
Parking	발렛서비스

풍부한 색채감각, 감성의 프리젠테이션
남베101
NAMBE101

티비 인기 프로그램에 등장해 유명세를 떨친 스타 셰프 양지훈. 그만의 독특한 테크닉과 정성이 농축된 고품격 컨템퍼러리 요리를 맛보고 싶다면 신촌의 남베101을 권한다. 처음 오픈할 당시에도 주방을 총괄했었지만 이젠 이집의 오너 셰프이기에 더욱 자유롭게 그만의 스타일을 즐길 수 있게 되었다.

양지훈 셰프의 요리는 섬세하고 아름다운 담음새를 자랑한다. 새로이 이곳을 인수하면서 음식이 담기는 그릇들을 멀리 두바이에서 공수해왔다. 맛있는 음식을 돋보이게 해줄 깔끔하고 세련된 스타일에 따뜻함을 유지하기 위한 도자기 뚜껑들이 인상적이다. 테이블에서 뚜껑을 열어 서빙 받을 때면 마치 어린 시절 식탁에서 솜씨 좋은 어머니가 맛있는 찌개 냄비 뚜껑을 열어줄 때처럼 설레임이 느껴진다.

양 셰프는 유난히 식재료의 풍부한 색채감을 잘 살리는 것으로 유명하다. 그의 손길은 마치 색을 창조하는 신비한 마술사 같다. 푸른 시금치, 주홍 당근, 붉은 파프리카 등 다양한 색의 채소들이 컬러풀한 퓨레나 처트니, 빛깔 곱게 말린 가루 등으로 변신해 디쉬를 화려하게 수놓는다. 단지 모양만 화려한 게 아니라 각각의 퓨레나 처트니, 빵가루 등은 모두 자연 그대로의 맛과 향기를 간직하고 있어 요리의 볼품을 살려줌과 동시에 맛도 올려준다. 같은 해산물이나 스테이크도 이렇게 컬러풀하게 담아내니 다른 장식이 요란하지 않아도 눈이 먼저 즐거워진다. 아기자기한 식용 꽃들은 그가 즐겨 쓰는 마무리 장식으로 기분까지 화사해진다.

양지훈 셰프는 이곳에서 한식의 세계화가 아닌 양식의 한식화에 초점을 맞춰 요리하고 있다. 스테이크에 생 부추를 곁들이는 식으로 평소 즐겨 먹는 한식 재료를 그의 요리에서 자주 볼 수 있다. 양식 조리법과 한식재료가 만나 조화로운 한 접시를 이루기에 어른 아이 할 것 없이 누구의 입맛에도 잘

맞는다.

메뉴는 단품 없이 코스로만 구성된다. 런치코스는 애피타이저와 수프, 메인요리, 커피나 티로 간단하고 실속 있다. 디너코스는 생선과 고기 두 가지가 있는데 아뮤즈부쉐, 코스에 따라서 2~5가지 애피타이저, 셔벗, 메인, 디저트 순으로 이어진다. 메인이 나오기 전에 셔벗을 서빙 해 입맛을 깔끔하게 정리히면서 식욕을 돋워순다. 코스메뉴는 제철의 신선한 식재료 위주로 매달 새롭게 변신해 자주 가도 지루하지 않다.

내부는 홀 없이 룸으로만 이루어져 있다. 남베 101은 독특한 외관의 101그룹 건물 3층과 4층에 자리하고 있는데 조용한 분위기로 비즈니스 모임을 갖거나 지인들과 편안히 식사하기에 알맞다. 인테리어는 무척 심플하지만 별다른 장식이 없어도 다채로운 빛깔의 모던한 그림 한두 점으로 더욱 감각적이다. 이곳 4층에는 커다란 창으로 주방이 들여다보이는 특별한 셰프 테이블룸이 있다. 블랙과 화이트의 매우 세련되고 모던한 분위기에 탄력 있는 등받이의 독특한 의자, 식기류 하나까지 센스가 넘치는 특별한 공간이다. 작은 것 하나까지도 평범함을 거부하는 인테리어랄까. 이곳에서 들여다보이는 주방은 물기 하나 없이 청결해서 더욱 안심이 되고 활기차게 요리하는 셰프들을 보며 음식을 기다리는 즐거움을 누릴 수 있다. *Recommended by SMS*

01 02 03

01 장어스탁을 곁들인 관자요리 구운 관자에 유자드레싱으로 상큼하게 버무린 야채를 올리고 분홍 석류빵가루를 뿌려 화사함을 더했다. 간장으로 짭쪼름하게 맛낸 장어스탁 젤리를 곁들여 관자와 함께 깊은 감칠맛을 느낄 수 있다.
02 시금치 퓨레를 곁들인 안심스테이크 고기육즙은 살아 있으면서 식감은 매우 부드러워 입안에서 살살 녹는다. 스테이크를 시금치 퓨레에 살짝 찍어 새콤달콤한 사과 처트니를 곁들이면 더욱 산뜻하게 즐길 수 있다.
03 스노우볼 아이스크림 달걀 흰자로 만든 바삭한 머랭 볼을 톡톡 깨뜨리면 안에 부드럽고 달콤한 아이스크림이 있다. 아이스크림은 녹차, 살구 등 이집에서 직접 만드는 것으로 매일 바뀐다.

Chef 양지훈

르꼬르동블루, 미국 셰프 폴 쿠킹스쿨을 나와 피에르가니에르, 페란 안드리아 등 미슐랭 3스타의 셰프들에게 사사받고 본인만의 개성 넘치는 요리스타일을 구축하고 있다. 이미 많은 팬들을 확보한 스타 셰프로 예술작품을 보는듯한 컬러풀한 요리로 유명하다.

INFOMATION

Tel 02-365-4101
Address 서울시 서대문구 대신동 50-7 101빌딩 3, 4층
Open 낮 12시~오후 3시
오후 6시~10시
Menu 런치코스 3만원대
디너코스 6만~10만원대
Room 7개
Parking 발렛서비스

18
CONTEM-
PORARY

참숯그릴에 구운 정통 뉴욕식 스테이크를 맛보고 싶다면
더 그릴
THE GRILL

더 그릴은 우리나라에 정통 스테이크 하우스를 제대로 만들어보자는 취지에서 오픈되었다. 올해로 벌써 8년째. 그동안 스테이크 전문점이 후발로 속속 생겨났지만 역사와 전통은 하루 아침에 이루어지지 않기에 아직도 제대로 된 스테이크를 맛볼 수 있는 지존급으로 조용히 자리를 지키고 있다.
내부는 그다지 넓지 않지만 통창을 통해 남산을 조망할 수 있는 개방감으로 가슴이 확 트인다. 전체적으로 무척 세련된 분위기인 이곳에 룸은 없지만 12석 규모의 미니 2층이 있어 회의와 세미나를 하면서 식사를 즐기기에 적당하다.
시중에 소스로 맛낸 스테이크가 주류를 이루는 것과 달리 이집은 스테이크 매니아를 위해 고기자체의 맛을 더욱 부각시킨다. 오로지 질 좋은 고기에 소금과 후추 등으로 양념한 뒤 숙련된 그릴러가 유명산 참숯그릴에 구워 내는 뉴욕식 스테이크를 맛볼 수 있다. 다른 양념 없이 소금만으로 간하므로 특별히 불순물이 빠지도록 숯가마에서 구운 소금과 공해가 없는 히말라야산 그리고 안델스산 소금을 쓰고 있다.
고기는 주로 미국산 프라임과 최상급 한우를 쓰고 있으며 원산지, 부위별, 그람수로 다양하게 스테이크를 고를 수 있다. 1인분 기본은 300g이지만 400g 으로 늘려서 둘이서 자유롭게 나눠 먹을 수도 있다. 특별히 낮에는 샐러드, 수프, 후식 등과 묶어 아주 착한 가격에 세트메뉴를 내놓고 있다. 좀 더 실속 있게 즐기고 싶다면 알차게 구성된 점심세트메뉴를 공략해보는 것도 좋을 듯. 스테이크는 지글지글 육즙이 끓을 정도로 매우 뜨거운 강화접시에 서빙 된다. 먹는 동안 접시에서 더 구워질 수 있으므로 원하는 굽기보다 살짝 덜 구워달라고 하는 것도 괜찮겠다. 덜어 먹는 개인 접시 또한 아주 뜨겁게 준비해준다. 소스 대신 홀그레인 머스터드와 홀스래디시를 따로 주는데, 마침맞게 구운 스테이크를 한 점 잘라 살짝 찍어 먹으면 입안에 감도는

육즙과 함께 깔끔한 고소함이 각별하다. 특히 홀스래디시는 대개 훈제 연어요리에 많이들 곁들여 먹지만 스테이크에도 훌륭하게 어울린다. 사이드로 주는 메쉬드 포테이토 또한 아주 맛있다. 특히 이집에서 수제로 직접 담근 고추피클은 매콤하고 아삭한 맛이 특별해서 고기 먹는 내내 느끼함을 잡아준다. 이집의 스테이크 메뉴 중에서도 가장 인상적인 것은 미국산 프라임스테이크 본인립아이다. 스테이크 하면 대개 부드러운 안심을 선택하는 사람들이 많지만 이 메뉴를 한 번 맛본다면 생각이 바뀔지도 모를 일. 이집의 본인립아이는 평균 1kg가 넘을 정도로 세 명 정도가 충분히 배불리 먹을 수 있는 양. 큰 접시에 덩어리째 서빙해 주는데 접시 가득 차는 크기와 두툼한 두께에 먼저 압도된다. 같은 립 아이 부분이라도 식감이 다르기에 더 연하거나 더 씹는 맛이 좋은 곳을 일일이 설명해주면서 테이블에서 직접 잘라준다. 뼈에 붙은 살점은 주방에서 다시 한 번 구워오는 서비스를 받을 수 있다.
이집의 명품 메뉴로 영국에서 유래된 로스트비프가 있다. 이 메뉴는 만드는 데 시간이 많이 걸리는 만큼 하루 전에 최소 2kg 이상 미리 예약해야 맛 볼 수 있다. 특히 단체 모임 때 잘 어울리는 메뉴로 영국유학생들도 엄지손가락을 세워 인정할 만큼 제 맛을 자랑하고 있다. *Recommended by SDM*

01　02　03

01 프라임 본인립아이스테이크　본인립아이는 뼈가 붙어있는 등심부위로 마블링이 좋아 스테이크로 구웠을 때 가장 맛있다. 두툼하게 구우면 고기가 부드러우면서 고소하고 육즙이 풍부해 스테이크의 참맛을 즐길 수 있다.
02 연어샐러드　커다란 생연어를 이집에서 직접 염지한 다음 훈연해서 만든 것으로 깜짝 놀랄 만큼 부드럽다. 시중에 판매되는 일반 훈제연어와는 차원이 다르게 비린 맛이 적고 훈제 냄새도 덜하다. 곁들인 사워크림과 케퍼소스, 채소와 함께 먹으면 살살 녹는 듯한 연어의 풍미가 각별하다.
03 클램차우더수프　뉴잉글랜드 스타일의 수프로 조개와 베이컨, 감자, 양파에 크림을 넣어 고소하고 걸쭉하게 끓였다. 흔히 올리는 크루통대신 반죽을 덮어 오븐에서 동그랗게 구워 내와 보는 즐거움까지 만족스럽다.

Chef 정민수

좋은 식재료 본연의 맛을 살려 요리하고 담음새도 자연스러운 것을 추구한다. 멋진 플레이팅도 무시할 수 없지만 음식자체의 맛과 조화가 더 중요하다고 여기기에 인위적인 멋은 부리지 않는다. 스테이크에도 이것저것 다양한 가니쉬로 화려하게 멋을 부리면 보기에는 더 폼이 날 수도 있지만 정말 고기요리 먹을 때 꼭 필요하고 잘 어울리는 필수 음식들만 제대로 만들어 곁들인다.

INFOMATION

Tel	02-796-7318
Address	서울시 용산구 이태원 2동 258-7 라쿠치나빌딩 1층
Open	낮 12시~오후 3시, 오후 6시~10시
Menu	점심스테이크세트 3만~5만원대 미국산프라임본인립아이(3인분) 17만6천원 쇠고기스테이크 6만~19만원대 한우티본스테이크 19만원
Room	없음
Parking	발렛서비스

19
CONTEM-
PORARY

세계 여러 나라의 재료로 만든 동서양의 다양한 요리
더 믹스드 원
THE MIXED ONE

에드워드 권은 이미 잦은 방송 출연으로 사람들이 많이 알고 있는 스타셰프이다. 그 유명세만큼이나 일반인에게는 거리가 먼 레스토랑이지 않을까. 그런 우려를 말끔히 걷고 고급스러운 요리들을 실속 있게 즐길 수 있는 재미있는 그의 레스토랑이 있다. 세계 여러 나라의 대사관들이 밀집해있는 한남동의 숨은 맛집 더 믹스드 원이 그곳. 이곳은 이름처럼 세계의 다양한 나라 음식 재료들로 모두가 행복해질 수 있는 맛있는 하나의 음식을 만들어내는 레스토랑이다. 모던 캘리포니아 멀티 퀴진이라는 컨셉에 맞게 다른 레스토랑에서는 쉽게 맛볼 수 없는 동서양의 다양한 요리가 가득하다.

이곳은 텔레비전 인기드라마 '신들의 만찬' 촬영장소로 등장할 만큼 독특하고 발랄한 인테리어감각을 자랑한다. 캐주얼하면서도 고급스러움이 동시에 느껴지는데 점잖게 무게 잡고 식사하기 보다는 마음 편하게 대화하며 음식을 즐길 수 있는 분위기다. 1층과 2층의 복층구조로 되어있는데 주방의 다이나믹한 모습을 직접 감상하고 싶다면 1층으로 가보라. 오픈 수방을 통해 20여명의 젊고 패기 넘치는 셰프들이 요리하는 모습을 볼 수 있다. 특히 20년 이상의 경력을 자랑하는 파티쉐와 페이스트리 셰프가 근사하게 디저트 만드는 모습은 정말 구경할 만하다. 1층 8석 규모의 프라이빗룸은 셰프가 직접 메뉴 서빙을 하고 설명을 해주는 공간으로 특별한 날에 이용하면 좋을 듯. 1층에 자리가 없다면 2층에 설치된 영상 화면을 통해서 에드워드 권이 해외 푸드페스티발에 참석했던 것은 물론 텔레비전에서 선보였던 다양한 요리 장면을 만나볼 수 있다.

이곳에서는 음식에 들어가는 모든 양념과 소스류를 직접 만들어 사용한다. 양질의 신선한 재료를 사용하는 것은 물론 음식의 양도 넉넉하고 직원들의 서비스와 인테리어 모두 최고급 레스토랑 못지않다. 특별한 비법으로 익힌

모든 고기요리들은 한결같이 입에서 살살 녹는 부드러움을 느낄 수 있다. 루대신 우유를 졸여서 만든 따뜻한 수프들도 반드시 식감 좋은 여러 가지 재료를 더해 셰프의 정성과 진심을 느낄 수 있다. 3개월에 한 번씩 새로운 코스 메뉴들을 선보이고 있으며 에드워드 권이 해외 푸드 페스티발에서 보여줬던 참신한 메뉴들도 종종 만날 수 있다.

매주 주말과 공휴일에는 특별한 소셜올데이브런치를 경험할 수 있다. 20여명의 셰프가 만든 40여 가지의 다양한 음식들을 맛볼 수 있는데 음식을 만든 셰프가 직접 테이블로 들고 가서 설명과 함께 음식을 권한다. 에피타이저와 디저트를 원하는 만큼 덜어서 먹을 수 있는 이 특별한 브런치는 신개념의 뷔페로서 더 믹스드 원의 시그니처 메뉴이자 자랑거리다. 여기저기서 등장하는 음식을 골라먹는 재미가 대단해서 자칫 메인을 먹기도 전에 배가 부를 수도 있으므로 적당히 양 조절을 하는 것이 좋겠다. 뜨거운 메뉴인 메인은 팬에 구운 연어, 부드럽게 구운 돼지 안심과 등심 스테이크, 양지살, 닭가슴살 등 총 5가지인데 고객이 먹고 싶은 만큼 수량을 주문하면 조리 후 따끈하게 가져다준다. 많은 종류의 음식을 먹는 동안 빈 접시는 금세 치워주고 테이블 정리도 깔끔하게 잘 해줘서 편안하게 즐길 수 있다.

Recommended by SMS

01 02 03

01 만다린 샐러드 양이 꽤 푸짐하게 나오는 산뜻한 샐러드로 귤과 아몬드슬라이스, 직접 만든 리코타치즈, 짭쪼름한 햄을 넣어 정성껏 만들었다. 흔히 버리는 귤껍질도 콤포트식으로 조려 넣어 샐러드의 향긋함이 솔솔~~
02 푸아그라 된장 벨루떼 권 셰프가 해외 페스티발에서 선보였던 메뉴. 한국의 된장국 맛을 보여주고 싶은 마음에 개발했다. 밀크와 크림베이스의 따뜻한 수프로 구수한 된장을 살짝 가미해 푸아그라의 느끼함을 잡아준다. 백김치를 사과랑 살짝 볶아 넣어 식감도 살리고 새콤달콤한 맛을 더했다.
03 그릴에 구운 한우 안심과 팬에 구운 푸아그라 한우 안심을 뜨거운 오일에 담가 표면만 살짝 익힌 다음 그릴에 구워내 육즙이 풍부하게 살아있다. 팬푸라잉한 푸아그라를 올리고 감자튀김을 곁들여 풍성하게 즐길 수 있다.

Chef 에드워드권

청담동 프렌치 비스트로 랩 24와 한남동 캘리포니아 멀티 퀴진 더 믹스드 원의 총괄 셰프이자 이케이푸드 법인 대표. 이미 유명세를 탄 그는 손님에게 나가는 요리가 곧 자신의 얼굴이라는 생각으로 항상 최선을 다한다. 특히 고급요리에 대한 문턱을 낮춰서 많은 사람들이 경험하길 진정으로 바라며 최상의 맛, 그러나 거품을 쏙 뺀 합리적인 가격의 메뉴들을 내놓고 있다.

INFOMATION

Tel	02-749-1423~4
Address	서울시 용산구 한남동 1-90 1, 2층
Open	오전 11시30분~오후 3시30분 오후 5시 30분~11시
Menu	런치세트 2만9천5백~4만9천원 디너코스 3만9천5백~6만8천5백원
Room	1개
Parking	발렛서비스

20
CONTEM-
PORARY

즐거운 애피타이저, 재미있고 맛있는 시푸드요리가 가득!
보르 드 메르
BORD DE MER

보르 드 메르는 불어로 '해안가'라는 뜻이다. 그렇다고 프렌치음식을 하는 곳은 아니다. 뉴욕의 파인다이닝을 모티브로한 아메리칸 컨템퍼러리 레스토랑으로, 뉴욕스타일의 창의적인 음식들, 특히 시푸드가 강한 집이다. 보르 드 메르를 떠올리면 여러 가지 생각이 동시에 팝콘처럼 튀어 오른다. 햇살 좋은 날 남색 차양이 드리워진 테라스에 앉아 해산물요리를 맛보면서 샴페인 한 잔 곁들이면 근사하겠다 또는 아내와 함께 공부하던 뉴욕의 추억이 성큼성큼 걸어오기도 하고 친한 친구들과 조금은 격식 있게 모여 맛있는 수다를 떨고 싶을 때 좋겠다 싶기도 하다.

일층 테라스와 홀은 조금 가벼운 분위기로 차와 칵테일, 간단한 스낵을 즐기기 좋다. 꽃과 조가비들로 장식한 가운데 햇살이 더해지면 눈부시게 화사하고 사랑스럽다. 반면 아래층은 정찬을 즐기는 분위기로 묵직하면서도 널찍하고 깔끔하다. 거울과 금색 장식들, 두꺼운 액자테두리 등은 그야말로 뉴욕 맨하튼 분위기를 물씬 풍긴다. 조데이빗현 셰프는 미국에 갈 때마다 유명 작가의 사진이나 앤틱한 소품들을 사와서 곳곳에 장식하길 즐긴다. 덕분에 미국의 정취가 더욱 살아나는 듯하다.

이집의 음식들은 한입 먹어보면 뭐지? 하는 물음과 함께 유학시절 맛보던 아메리칸스타일 고유의 느낌이 전해져온다. 오랜 미국생활을 해온 셰프의 입맛에 맞춘 음식들이라 하니 고개가 끄덕여진다. 아메리칸스타일은 프렌치나 이탈리안처럼 딱히 뚜렷한 특징이 없다. 그런데도 요즘 세계의 입맛시장은 아메리칸 스타일이 대세로 떠오르고 있다. 전통이 없음으로 오히려 다른 나라의 좋은 요소들을 받아들여 나날이 발전되고 있는 것이다. 혹자는 미국음식 하면 맛없는 패스트푸드가 언뜻 떠오를지도 모르겠다. 그런데 이집의 음식은 미국에서 여태껏 먹었던 어떤 음식들보다 훨씬 미국적이면서도 맛있다.

애피타이저 종류가 굉장히 다양한데, 어떤 날은 메인 없이 애피타이저만 쭈욱 시켜 먹고 싶을 만큼 상큼하고 재미있는 메뉴가 많다. 베스트메뉴인 블루크랩프렌치파이는 조 셰프가 어렸을 적 즐겨 먹었던 후렌치파이에서 영감을 얻었다고 한다. 파이 위에 꽃게살을 올렸는데 손으로 집어 들고 한입 베어 물면 바삭하면서도 농후한 감칠맛에 감동이 밀려온다. 패스트푸드점에서 먹던 코오슬로에서 아이디어를 얻은 찹샐러드도 인기메뉴. 잘게 썬 신선한 식감의 채소들과 견과류가 아주 가볍고 산뜻하다.

음식들은 간이 좀 있으며 스파이시한 편. 먹는 것마다 입에 착착 붙게 맛있다. 담음새도 일식집의 요란스러움이 아닌 신선함을 강조한 멋스러움이 느껴진다. 새우 한 마리를 주문해도 얼음과 돌 위에 살아있는 상태로 얹어내어 눈으로 보는 즐거움을 먼저 주고 그다음 손질해서 스파이시한 소스와 함께 곁들여 내온다. 생으로 먹을 수 없는 새우머리는 따로 바삭하게 튀겨내어 맥주나 와인안주로 그만이다. 찬바람 불면 굴요리도 올라온다. 역시 얼음접시에 석화를 빙 돌려 담고 약간의 소스만 살짝 뿌려 신선한 상태 그대로 서빙한다. 혼자나 둘이 가서 굴 양이 많다 싶으면 1/2접시로도 주문할 수 있다. 굳이

01 02
03 04

01 보리리조또와 전복구이 고소한 땅콩버터소스를 발라 숯불에 구운 전복과 피시스탁으로 맛낸 보리리조또. 리조또는 전혀 끈적이지 않으며 씹는 맛이 살아있다.

02 가시배새우 연중 특별한 철없이 나오는 가시배새우는 일명 닭새우. 한 달에 서너 번 씩 속초에서 구해와 수족관에서 키우면서 서빙하는 인기메뉴. 곁들인 칵테일소스는 이집만의 비법으로 홀스래디시를 넣고 숙성시켜 만드는데 시원하면서도 매콤하고 깊은 맛이 좋다.

03 구운 도미요리 횟감용 도미를 숯불에 구워 부드러운 맛이 각별하다. 얇게 썬 감자로 만든 비늘모양이 멋스럽다.

04 블루크랩프렌치파이 어렸을 적 먹었던 후렌치파이의 추억을 가지고 만든 애피타이저. 꽃게살과 라디치오, 염소치즈를 바삭한 파이 위에 올려 마치 카나페처럼 손으로 들고 먹기 좋다. 와인 안주로 최고다.

식사가 아니더라도 가볍게 애피타이저를 안주 삼아 와인 한 잔 해도 좋다. 해산물은 메인디쉬에서 더욱 빛이 난다. 수족관을 갖추고 신선한 활어상태의 도미나 농어 등으로 그릴요리를 한다. 전복이나 새우 등도 모두 살아있는 것으로 준비해 그 신선한 맛이 남다르다. 살아있는 것을 잡아서 손질해야하므로 기다리는 여유를 가져야 더 맛있는 음식을 먹을 수 있으리라. 이집에선 쓰고 남은 생선의 머리나 뼈를 오랫동안 우려내 육수와 소스를 만들기 때문에 감칠맛이 더욱 깊다. 우리나라에서 해산물하면 뷔페나 회로 즐기는 게 대부분인데 이렇듯 독특하고 멋진 요리로 만날 수 있다니 참 감사한 일이다.

조데이빗현 셰프는 특히 그릴요리에 강하다. 해산물 외에 직접 드라이에이징한 스테이크도 훌륭하다. 바삭하게 조리한 새우나 마늘 등과 함께 색다른 맛을 즐길 수 있다. *Recommended by SMS*

Chef 조데이빗현

스모키살룬, 이사벨더부처, 부처스컷을 잇따라 오픈한 조데이빗현 셰프가 가장 하고 싶었던 요리를 선보이는 공간으로 오픈 한 곳이 바로 보르 드 메르. 아메리칸 다이닝의 원조격이라 할 수 있는 그의 요리들은 이곳에서 더욱 창의적이다. 기존의 프렌치나 이탈리아요리와 다른 새로운 맛을 만들어 내고 있다.

INFOMATION

Tel 02-549-9806~7
Address 서울시 강남구 신사동 644-18 지하 1층, 1층
Open 낮 12시~오후 2시30분
오후 5시 30분~10시
Menu 런치세트 2만7천원, 수프 1만3천원
구운전복과 보리리조또 4만9천원
자연산꽃새우와 건조숙성등심스테이크 6만9천원
구운도미요리 4만9천원
Room 없음
Parking 발렛서비스

21 CONTEMPORARY

새로움과 독창성이 가득, 갈 때마다 매력 넘치는 활기찬 식탁
엘본 더 테이블
ELBON THE TABLE

신사동 가로수길은 감각이 넘쳐나는 멋쟁이거리다. 다채로운 패션숍들과 근사한 레스토랑들로 멋과 맛이 가득하다. 그 초입에 독특한 외관으로 시선을 잡는 엘본 건물이 있다. 1층은 엘본더스타일 의류매장, 2·3층은 엘본 더 테이블 레스토랑, 4층은 프라이빗 파티를 할 수 있는 엘본 더 가든이다. 2층 레스토랑 홀에 들어서면 과연 최현석 셰프만의 세련된 감각이 구석구석에서 빛난다. 100여석의 널찍한 공간이 젊고 역동적인 분위기로 활기가 넘쳐나는데, 여기가 레스토랑인지 살짝 고개가 갸우뚱해질 정도다. 반면에 3층은 꽤 아늑하게 꾸민 조용한 프라이빗 룸이 있다. 격식 있는 모임이나 비즈니스모임을 하려면 룸 쪽이 좋을 듯하다.

엘본 더 테이블의 ELBON은 NOBLE을 거꾸로 표기한 것으로 모던하지만 클래식함을 유지한다. 홀은 전체적으로 블랙 주조인데도 화이트와 실버가 곁들여져 어둡지 않다. 직원들 유니폼까지도 이 세 가지 색으로 맞춰 모던한 가운데 격조를 느낄 수 있다.

이집에서 가장 욕심나는 자리는 셰프테이블이다. 오픈키친을 정면으로 바라보고 있는 바 타입으로 마치 일식당의 스시카운터나 와인 바에 앉은 느낌이다. 셰프들의 모든 조리과정과 서비스를 한눈에 볼 수 있어 흥미로운데 11석 규모로 사전에 예약해야 앉을 수 있다.

외식업을 하다 보니 어딜 가나 기물들을 유심히 보게 된다. 세트가 아닌데도 탐날 만큼 서로 잘 어울리고 세련미가 넘친다. 메뉴에 맞춰 준비한 심플한 식기들 덕에 음식이 더 멋스럽게 돋보인다.

이집은 크리에이티브 모던 퀴진의 컨셉으로 이탈리안, 프렌치 등에 한식적인 요소가 가미된 창의적인 요리를 맛볼 수 있다. 특히 매달 메뉴가 바뀌는 색다른 코스요리가 인기다. 자주 가더라도 늘 변화하는 메뉴로 지루하지 않기 때문에 매니아나 단골이 많다.

메뉴는 대체적으로 차가운 디쉬들이 많고 투명한 젤리, 장미꽃 등을 이용한 기발난 요소들이 넘친다. 분자요리 기법을 응용한 톡톡 튀는 애피타이저들은 보는 재미가 각별하다. 가장 감동받은 메뉴는 매일 뽑은 생면으로 만든 파스타와 소금에 찍어먹는 스테이크. 10년 넘게 이탈리안 레스토랑에서 갈고 닦은 최 셰프의 탄탄한 기본기에서 나오는 자신감 넘치는 레시피에 절로 고개가 끄덕여진다. 특히 참신한 아이디어로 버무린 차가운 냉파스타는 다른 집에서 흔히 맛볼 수 없는 별미다.

뜨거운 접시에 서빙되는 스테이크는 아무런 소스가 없다. 다섯가지 소금만 따로 주고 골라서 찍어 먹으라는 식이다. 안심처럼 두툼한 등심 스테이크는 이집만의 숙성 비법으로 부드럽고 탄력있는 육질을 자랑한다. 한 점 잘라 준비해준 소금에 찍어 먹으면 고소한 풍미와 입안에 감도는 육즙이 환상적이다. 소금은 다섯 가지를 준비해주지만 개인적으로 계란소금이나 함초소금이 제일 잘 어울리는 듯하다.

최근에 오픈한 이태원점은 또 다른 이미지. 점심에는 미국식 브런치, 저녁에는 이탈리아 요리와 와인, 늦은 밤부터 새벽 2시까지는 스페인식 타파스와 칵테일을 즐길 수 있다. 시간대에 따라 분위기가 달라져 마치 새로운 레스토랑을 찾는 듯한 매력을 느낄 수 있다. *Recommended by SMS*

01 02 03

01 바질페스토로 맛낸 캐비어 카펠리니 바질 페스토에 차갑게 준비한 엔젤헤어면을 버무린 냉파스타. 캐비어의 짭쪼름한 풍미와 소스의 고소함과 향긋함, 오일의 부드러운 감칠맛이 잘 어우러진다.

02 채끝등심스테이크 뜨거운 접시에 지글지글 끓는 듯이 서빙되는 스테이크. 소스 없이 다섯가지 소금을 곁들여 취향대로 찍어 먹는다. 숙성과정을 잘 거쳐 고기가 두툼한데도 부드럽고 육즙이 풍부하다. 150g, 300g, 600g 등으로 다양한 사이즈를 준비해서 여럿이 실속있게 나눠 먹을 수 있어 더 좋다.

03 장미꽃을 이용한 바닷가재 전채 구운 바닷가재살 위에 젤리, 에스푸마, 거품, 캐비어를 각각 올려 모양과 식감을 달리했다. 모두 식용장미꽃을 사용한 것으로 은은한 장미향과 쫄깃한 바닷가재살, 각기 다른 토핑이 별미다.

Chef 최현석

창조적 레시피 개발로 크레이지 셰프라는 별명이 붙었다. 요리란 최고로 멋지고 맛있어야하지만 그 이전에 먼저 몸에 이로워야한다는 철학을 레시피 개발할 때마다 적용한다. 모두 900여개의 레시피가 축적될 정도로 끊임없이 노력하고 있으며 늘 변화하고 진화하는 그의 요리에 매니아들의 열광이 자자하다.

INFOMATION

Tel	02-547-4100
Address	서울시 강남구 신사동 530-5 엘본
Open	낮 12시~오후 3시 오후 6시~10시30분
Menu	런치코스 3만5천~7만5천원 디너코스 7만5천~9만5천원 시그니처메뉴 13만5천원
Room	4개
Parking	발렛서비스

뉴욕스타일의 드라이에이징 스테이크 제대로 즐기기
이사벨 더 부처
ISABELLES THE BUTCHER

조데이빗현은 특유의 창의적인 감각과 열정으로 똘똘 뭉친, 성공한 외식사업가 겸 셰프다. 청담동 도산공원 근처에 우리나라 최고의 스테이크를 맛볼 수 있는 이사벨 더 부처도 그의 레스토랑 중 하나. 미식가로 유명한 신세계 정용진 부회장이 트위터에 올려 화제가 되었던 집이다.

이사벨 더 부처는 그리 넓지 않은 규모로 테이블 10여개 남짓한 아담한 공간이다. 변화를 주면서 정교하게 붙인 무늬목이 눈길을 끄는데 여기에 거울, 금색 소품들이 더해져 뉴욕의 어느 패션 부띠끄에 들어온 듯 아늑하고 멋스럽다. 비즈니스도 좋지만 프로포즈나 특별한 데이트를 하기에 이만한 곳도 드물 것이다.

레스토랑에 들어서면 눈썰미 좋은 직원들이 한눈에 알아봐주는 친근한 서비스가 무엇보다 맘에 든다. 음식 맛도 풍미가 진하고 독특하며 양도 넉넉하고 분위기와 맛에 비해 가격도 실속 있는 편이다.

주 메뉴는 뉴욕스타일의 그릴요리들 다양한 부위의 쇠고기를 최고의 솜씨로 구워내며 알타리 피클처럼 한식 재료로 만든 창의적인 메뉴들이 어우러져 맛깔스러움을 더한다. 따로 주문해서 곁들일 수 있는 사이드메뉴도 수준급이다. 구운 아스파라거스와 옥수수, 크림시금치 등 두세 가지 곁들이면 식탁이 더욱 풍성해진다.

이집의 대표메뉴로는 포터하우스 스테이크를 꼽을 수 있겠다. 포터하우스는 소 한 마리에서 약 2~3장정도 나오는 특수 부위로, 티본스테이크와 비슷하다. 다른 점이라면 안심이 동그랗게 제대로 붙어있다는 것. 쫄깃한 식감의 등심과 혀에서 살살 녹는 부드러운 안심을 함께 맛볼 수 있고 한 접시 시키면 두세 명이 섭섭하지 않게 넉넉한 마음으로 즐길 수 있어 더 좋다.

제일 중요한 것은 재료 자체의 품질인데 이집에서는 가장 좋은 등급의 한우를 21일 이상 드라이에이징 기법으로 숙성시켜 준비한다. 이렇게 숙성시킨

고기는 수분이 빠지면서 고기의 풍미가 강해지는 것이 특징. 게다가 육질이 아주 부드러워져 두툼한 스테이크용으로 안성맞춤이다. 미국산 쇠고기는 육질이 부드러운 반면에 한우는 식감이 좀 질긴 편. 그래서 제대로 노하우를 쌓기까지 실패도 많았다고 한다. 무려 6개월에 걸쳐 수많은 고기들을 버려가며 한우 드라이에이징에 매달렸다 하니 존경심과 감사함이 절로 우러난다. 덕분에 유학시절 뉴욕의 추억을 떠올리며 뉴욕에서보다 더 입맛에 맞고 맛있는 스테이크를 먹을 수 있게 되었다.

또 한 가지 추천 메뉴로 두툼한 베이컨이 있다. 14시간 동안 직접 훈제하여 은은한 나무 향이 베어든 베이컨은 다른 집에서는 맛보기 어려운 이집만의 베스트메뉴. 프렌치 스타일의 어니언수프도 단골손님들에게 인기가 좋다. 오랜 시간 공들여 볶은 양파와 제대로 뽑아낸 육수가 어우러져 풍미가 진하다. 오가며 간단히 술 한 잔 생각날 때는 주방 옆에 간단히 만들어놓은 바에 들른다. 식전이나 식후에 이리로 자리를 옮겨 꼬냑이나 칵테일을 즐기기에 무척 편안한 공간이다. 격식을 차리지만 나름대로 캐주얼하게도 즐길 수 있는 곳. 이집만의 매력이기도 하다.

예약은 3일 전쯤 하는 것이 좋고 연말연시 등 시즌에는 일주일 전에는 해야 원하는 자리에 앉을 수 있다. *Recommended by SMS*

01 02 03

01 시즈널샐러드 무화과 등 그 계절에 나는 신선한 과일과 치즈, 채소를 곁들여 만든 샐러드. 깔끔한 맛의 드레싱으로 여성들에게 특히 인기가 높다.
02 애플파이 패스트푸드점의 조그만 애플파이에서 아이디어를 얻어 만든 조데이빗현의 디저트. 스테이크 먹은 뒤 단맛이 당길 때 좋다. 곁들여지는 아이스크림은 원하는 대로 바꿔준다.
03 포터하우스 스테이크 T자형 뼈에 소 등심과 안심이 함께 붙어있는 부위로 만든 스테이크. 700g 이상으로 두세 명이 나눠 먹기 충분하다.

Chef 조데이빗현

미국식 수제 햄버거 전문점 스모키 살룬을 비롯해 총 6개의 브랜드를 운영하고 있는 외식사업경영인. 또한 창의력 넘치는 레시피로 유명한 셰프이기도 하다. 그의 레스토랑들은 그가 오랫동안 살던 미국의 문화를 접할 수 있는 곳으로 친절한 서비스, 색다른 맛, 푸짐한 양, 신선한 재료를 쓴다는 원칙을 지키고 있다.

INFOMATION

Tel	02-518-9825
Address	서울시 강남구 신사동 630-21 1층
Open	오전 11시30분~오후 2시 30분 오후 5시 30분~10시
Menu	점심세트 2만5천~2만9천원 양파수프 1만5천원 포터하우스스테이크 18만원(750g기준)
Room	없음
Parking	발렛서비스

JAPANESE & CHINESE
재퍼니스 & 차이니스

도쿄 사이카보 TOKYO SAIKABO
슈치쿠 SHUCHIKU
스시선수 SUSHI SUNSOO
스시조 SUSHI CHO
우오 UO
키사라 KISARA
하카타 타츠미 HAKATA TASUMI

수엔 SUEN
몽중헌 MONGJUNGHEON
백리향 PAENGNIHYANG
싱카이 XINGKAI
홍연 HONGYUAN

스키야키와 함께 즐기는 전통 일본 가정요리
도쿄 사이카보
TOKYO SAIKABO

그동안의 일식과 좀 다른 곳, 새로우면서도 편안한 맛과 분위기의 레스토랑을 찾는다면 도쿄사이카보의 신선한 매력을 꼭 느껴보기 바란다. 이곳은 전통 일본 가정요리를 중심으로 차별화된 일본요리의 맛을 확실히 느낄 수 있는 곳이다. 일본의 떠오르는 요리 명인 카사하라 마사히로 셰프의 섬세한 비법과 주방에 포진한 일본인 셰프들의 수준급 솜씨를 통해 이 집만의 향기가 느껴지는 음식을 즐길 수 있다.

이곳의 레시피를 책임지는 카사하라 마사히로는 한 달 전부터 예약해야만 먹을 수 있는 동경 '산비요론'의 오너 셰프. 그는 탁월한 요리 센스를 갖춘 스타 셰프로 TV의 요리프로와 레스토랑 프로듀스 등 폭넓은 활동을 펼치고 있다. 한 달에 한 번씩 와서 이곳의 셰프들과 함께 메뉴를 개발하고 맛을 유지하는데 정성을 다하고 있다.

이집은 일본 가정요리에 사케를 위한 이자카야 스타일, 가이세끼 요리 등을 조금씩 접목시킨 다양한 메뉴를 내놓고 있다. 때문에 지인들과 담소를 나누며 가볍게 사케 한 잔을 나누기에 부담이 없고 일본식 고급코스요리를 제대로 맛볼 수도 있는 두 가지 매력이 있다.

메뉴는 코스요리부터 단품까지 다양한데 특히 스키야키 코스가 인기다. '스키야키'는 철냄비 안에 얇게 썬 쇠고기를 여러 종류의 야채, 두부와 함께 넣어 끓이는 전골요리다. 육수와 간장, 술이 기본이 된 달달한 소스와 이에 어우러지는 신선한 육류와 채소가 만들어내는 담백한 맛이 특징이다. 이집 간장소스엔 일본 술이 넉넉히 들어가 깊은 맛이 뛰어나고 특이하게 우엉향을 잘 살려 쇠고기와 더욱 잘 어우러진다. 스키야키 코스를 주문하면 제철 식재료로 만든 아기자기한 전채부터 독특한 카사하라 스타일의 튀김 등 다양한 요리와 함께 스키야키를 즐길 수 있다.

이집에는 알콜이 많이 들어가지 않은 혼죠조 이상 등급의 고급 사케만을

엄선해놓고 있다. 사케 전문 소믈리에가 무려 3명으로 요리를 먼저 시키면 어울리는 사케를 권해주고 사케를 먼저 시키면 어울리는 요리를 알려준다. 사케 종류를 친절히 알려주면서 시음도 가능한 특별한 서비스를 받을 수 있다. 도쿄사이카보는 단독 건물로 외관이 무척 독특하다. 2009년 강남구청에서 아름다운 건축상을 받은 이곳의 내부는 돌과 나무 등 자연소재를 이용한 모던하면서도 자연적인 냄새가 물씬 풍긴다. 일층과 이층으로 되어있는데 일층만 봐서는 일본풍이 거의 느껴지지 않는다. 널찍한 오픈공간에 개방형 키친, 테라스 등은 흡사 양식 레스토랑을 연상시킨다. 키친 앞 바에 앉으면 요리 과정을 보는 재미가 특별하다. 30여명 정도 수용 가능한 테라스는 독립된 별실처럼 모임을 갖기에도 좋다. 계단을 올라 이층으로 가면 비로소 일식 레스토랑 분위기. 이층은 아기자기한 일본풍 인테리어로 다다미방과 테이블식 룸이 있다. 일층이 단품요리를 부담 없이 즐기는 곳이라면 이층은 코스요리를 여유 있게 음미하기 좋다. 낮의 분위기는 전체적으로 다른 집에 비해 매우 활기차고 역동적인 편. 은은한 조명과 함께 차분히 내려앉은 운치 있는 분위기를 원한다면 낮보다는 저녁에 가보길 추천한다. *Recommended by SMS*

01 02 03

01 **별미새우튀김** 새우살과 흰살생선을 갈아서 완자로 빚은 다음 만두피 다진 것, 식빵 자른 것 등 각각 다른 옷을 입혀 튀겨냈다. 두 가지 질감의 특별한 새우튀김을 맛볼 수 있다.
02 **키조개 버터 볶음** 버터에 일본 된장인 미소를 살짝 넣어 고소하고 달착지근한 풍미가 나도록 볶았다. 단시간에 조리해 키조개의 아삭한 식감이 그대로 살아있고 곁들인 채소와 궁합이 잘 맞는다.
03 **스키야키** 주방장특제 간장소스에 살짝 고기를 익혀 미리 준비해둔 반숙 계란에 찍어 먹는다. 입안에 퍼지는 소스의 향기와 쇠고기의 감칠맛이 최고.

Owner 오지선

서울대 식품영양학과 졸업. 일본에서 우리 한식을 제대로 선보여 성공을 거둔 부친의 레스토랑 처가방(일본말로 사이카보)을 뿌리삼아 역발상적으로 한국에 일본요리를 알리기 위해 도쿄사이카보를 오픈했다. 처가방이란 처가라는 뜻. 백년손님 사위에게 장모의 손맛과 사랑이 담긴 음식으로 정성을 다해 대접한다는 정신을 담고 있다.

INFOMATION

Tel	02-517-0108
Address	서울시 강남구 청담동 127-19 영명빌딩 1, 2층
Open	오전 11시30분~오후 3시 오후 5시30분~새벽 2시 (일요일은 오후 11시)
Menu	점심코스 3만~4만원 저녁코스 8만~12만원
Room	7개
Parking	발렛서비스

24
JAPANESE

최고의 전망과 함께 하는 명품 스시와 카이세키요리

슈치쿠
SHUCHIKU

여의도 63빌딩 58층, 초고속 엘리베이터를 타고 단 몇 초 만에 가뿐히 올라와 슈치쿠에 들어서면 일단 서울시내와 한강이 내려다보이는 매력적인 전망에 감탄이 절로 나온다. 그에 못지않게 럭셔리한 인테리어, 특별한 음식 맛, 자상한 서비스로 2012년 권위 있는 레스토랑 평가서 '자갓(GAGAT)' 한국판에서 베스트 레스토랑으로 선정되었다.
슈치쿠는 일어로 '붉은 대나무'라는 뜻으로 길한 색인 붉은색과 빠르게 성장하는 대나무처럼 좋은 기운을 받아 모든 일이 잘 이루어지기를 바라는 마음을 담았다.
인테리어는 도쿄의 페닌슐라 호텔을 설계한 하시모토 유키오가 맡았는데, 붉은색과 대나무를 소재로 일본의 전통과 자연을 고급스럽고 모던하게 풀어냈다. 입구에 들어서면 보는 방향에 따라 빛깔이 달라지는 통로의 붉은 나무 벽부터 매우 인상적이다. 스시를 먹을 요량이라면 이집의 특별한 스시카운터에 꼭 자리 잡기를 바란다. 'ㄷ'자형의 스시카운터는 무려 350년 수령의 귀한 편백나무로 만든 것으로 이곳의 심장과도 같은 곳이다. 룸이나 홀에 들어가는 스시도 이곳에서 전용카트로 배달된다. 스시카운터에서도 시원한 전망이 압권인데 저녁이면 불빛이 약간 분위기 있게 어두워지면서 스시를 쥐는 셰프의 등 뒤로 낭만적인 서울의 야경이 펼쳐진다.
이곳은 방마다 각기 분위기가 다른 룸들이 매우 근사하다. 대나무로 바닥과 천장을 장식한 다다미방이 있는가 하면 전용 라운지와 화장실을 구비한 비즈니스 룸도 있다. 툭 트인 전망과 함께 널찍한 공간, 다른 곳에서 보기 드물게 멋진 인테리어를 자랑하기에 비즈니스 모임과 상견례 명소로 각광받고 있으며 소규모 돌잔치 등 가족모임을 하기에도 안성맞춤이다.
슈치쿠의 음식은 이곳의 호화로운 분위기만큼이나 명성이 자자하다. 매일매일 들여와 이집만의 비법으로 숙성시켜 내놓는 사시미, 계절의 감각을

잘 살려낸 카이세키 요리 등 두루 두루 다 훌륭하다. 가장 인상적인 것은 지난
해 여름 일본에서 영입해온 나카무라 코우지 셰프의 스시다. 스시카운터에
앉아 그의 스시를 맛보노라면 최고의 요리를 배우고 싶어 찾았던 일본의
요리명인들이 생각난다. 손님에게 보다 나은 요리를 내기 위해 그들이
엄격하게 지켰던 고집과 최선의 노력, 세심한 정성을 다시금 느낄 수 있기에
초심으로 돌아가 더욱 맛있는 요리를 만들고 싶은 각오가 다져진다.
슈치쿠의 스시는 개성 있게 연출된 생선과 함께 밥 자체가 참 맛있다.
이집에서는 햅쌀과 묵은쌀을 알맞게 블렌딩해 밥을 짓고 배합초를 섞어
30분간 맛을 들인 다음 한 시간 안에 스시를 쥐는 밥으로 사용한다.
때문에 예약 시간에 맞춰 스시용 밥을 짓는다. 또한 체온정도의 밥 온도를
지속시켜주기 위해 달군 돌을 밥 아래 깔아주고 식을 때마다 갈아주는 수고를
아끼지 않는다. 이렇게 정성들여 만든 밥을 공기가 들어가도록 살짝 쥐면
입안에서 부드럽게 풀어지며 생선과 함께 멋진 조화를 이루는 명품 스시가
탄생된다.
코우지 셰프는 요리에 임하는 자세 자체가 감동적이다. 언제나 손님의 기호를

01 02
03 04

01 스시 코우지 셰프가 내놓는 스시는 생선마다 다양한 연출이 뛰어나며 생선과 밥의 조화로움이 딱 맞아떨어져 참 맛있다.
02 모듬사시미 계절별로 가장 좋은 생선만을 엄선하여 제공한다. 다른 곳에 비해 다소 도톰하게 썰어 나오는데 신선도가 뛰어나며 이집만의 비법으로 숙성을 잘 시켜 쫀득한 맛이 남다르다.
03 샤브샤브 한우 혹은 제철 생선을 다양하게 응용해 갖은 채소와 함께 따끈하게 제공된다. 깨끗하고 시원한 맛이 별미다.
04 전채요리 제철의 다양한 과일과 채소, 생선으로 입맛을 돋우는 동시에 계절감각을 잘 살려 담아내어 오감을 만족시켜준다.

세세히 기록했다가 다음 번 만날 때 최고의 만족을 주기위해 노력한다. 손님이 좋아하는 취향의 생선과 맛을 알고 요리하는 것은 물론 재방문 손님에게는 조금씩 다르게 연출한 다양한 스시를 내놓는다. 자신만의 개성 넘치는 초밥스타일로 블로거들 사이에서도 인기가 자자하다. 기름진 생선류는 살짝 구워 불 맛을 들인다든가 식초에 절여 산뜻한 맛을 더하기도 하고, 다시마를 살포시 덮어 풍미를 살리는 등 생선 본연의 맛을 살리면서도 자신만의 감각으로 맛깔스럽게 연출해낸다. 그래서 다음엔 어떤 스시일까 하는 설레임에 절로 즐거워진다. 이런 기대에 부응하듯 재빠른 손놀림으로 그의 혼을 담아 내주는 스시들은 한편의 협주곡처럼 맛의 밸런스와 리듬을 잘 맞추어 꽤 여러 피스의 초밥을 먹어도 질리지 않고 끝까지 맛있다. 슈치쿠에서는 스시카운터 뿐만 아니라 룸에서도 셰프가 직접 쥐어주는 최고의 라이브 스시를 즐길 수 있다.
메뉴는 스시카운터에서 즐기는 오마카세와 상견례 전용 메뉴, 가족행사를 위한 메뉴, 계절특선 등 다채로운 코스요리가 구비되어 있다. 메뉴판의 음식 외에 손님의 기호에 따라 얼마든지 맞춤 코스를 짜준다. *Recommended by SDM*

Chef 나카무라 코우지

6년 연속 미슐랭 가이드 3스타 레스토랑으로 선정된 도쿄의 칸다 출신. 슈치쿠의 스시와 카이세키 요리 전반을 지휘하고 있는 그는 특히 한국어가 유창해 편안하고 재밌고 즐거운 분위기를 이끈다.

INFOMATION

Tel	02-789-5751~3
Address	서울시 영등포구 여의도동 60번지 63빌딩 58층
Open	오전 11시30분~오후 3시 오후 5시30분~10시
Menu	오마카세 (점심 12만원~, 저녁 16만원~) 런치코스 7만5천~12만원 디너코스 12만~24만원
Room	8개
Parking	63빌딩 주차장

25
JAPANESE

활기찬 분위기, 임팩트 강한 명품 스시

스시선수

SUSHI SEONSU

활기차고 정겨운 분위기 속에서 임팩트가 있는 세련된 젊은 스시를 만나고 싶다면 단연 스시선수를 추천한다. 이집은 기존의 무겁거나 가라앉은 분위기가 아니다. 화기애애한 분위기가 넘실대며 손님의 기호에 맞춘 섬세한 배려 또한 남다르다.

노자의 도덕경에 보면 '최고의 선(善)은 물과 같다'는 의미의 상선약수라는 말이 있다. 여기서 레스토랑 이름을 따왔다. 물은 강한 힘을 가지고 있으며 항상 아래로 향하고 모든 걸 감싸주려고 한다. 자연과 인생의 순리를 말해주는 물과 같은 레스토랑을 만들고 싶은 최지훈 셰프의 마음은 인테리어에도 그대로 반영되었다.

딱딱한 박물관 건물의 지하에 있지만 입구의 스포트라이트를 비춘 오브제부터 청결한 기대감을 갖게 한다. 레스토랑에 들어서면 물 흐르는 소리, 차가운 얼음장식, 물결무늬의 하얀 벽장식까지 마치 여름날의 계곡가에 놀러온 듯 시원스러움을 물씬 풍긴다.

기물은 도자기 강도가 높고 감각이 남다른 이은범, 정재효씨 등 국내 작가의 작품을 주로 사용하는데 단지 스시를 담는 그릇뿐만 아니라 곳곳의 장식품으로 활용해 센스 있는 공간을 연출했다.

최 셰프는 제철의 국내산 재료로 요리하기를 즐긴다. 새벽마다 어김없이 시장에 나가는데, 때깔 좋은 생선을 만날 때면 제일 즐겁다. 오너 셰프이기에 최상의 재료에 대한 욕심을 맘껏 부릴 수 있으리라. 최고로 좋은 생선이 그의 숙성비법을 만나 사시미나 스시들이 모두 찰지고 매끈하며 쫀득한 맛이 별스럽다.

스시를 먹겠다고 마음먹었으면 스시카운터를 반드시 예약하고 오마카세로 즐기길 권한다. 오마카세란 셰프가 그날의 생선 중에 가장 좋은 것으로 골라 쥐어주는 스시로 셰프와 서로 주고 받는 교감의 맛 또한 기대 이상이다.

최 셰프가 쥐는 오마카세는 특히 다양한 맛이 조화를 잘 이룬다. 기존의 클래식함보다는 다양한 연출의 젊은 스시라고 할 수 있다. 카운터에서는 스시를 손으로 들고 먹으면서 닦을 수 있는 손 물수건을 따로 준비해준다. 손으로 스시를 집으면서 느끼는 촉감 또한 색다르다. 오마카세를 먹을 때, 양이 적을 경우는 미리 얘기해주어야 작은 분량 속에 적절한 리듬을 살려 엑기스만 맛볼 수 있다.

이집의 베스트스시로 시메사바를 꼽을 수 있다. 고등어뱃속에 초밥을 넣고 눌러 만든 봉스시로 두툼한 고등어살이 제법 맛깔스럽게 씹히는데, 함께 올려준 시소와 백다시마도 고등어와 찰떡궁합으로 산뜻함과 감칠맛을 더한다. 숙성시킨 고등어 맛에 낯선 손님에게는 당일의 시메사바를, 익숙해진 손님에게는 하루 전부터 숙성시킨 어제의 시메사바를 내준다.

스시 한 가지에도 손님의 기호를 고려한 섬세한 배려가 돋보이는 대목이다. 스시 외에 다른 곁들이 음식 하나하나에도 최 셰프의 노하우와 정성이 담겨있다. 따끈한 미소 장국에 꽃게를 넣어 감칠맛을 살려내고 백단무지에도 청유자 껍질 간 것을 살포시 뿌려 상큼한 맛을 돋운다. 마무리로 먹는 간단한 메밀소바도 다른 곳에서 느끼기 어려운 개운함과 깊은 맛이 넘친다.

Recommended by SDM

01　02　03

01 지라시스시 그날 그날 가장 신선한 생선을 골고루 맛볼 수 있는 메뉴. 초밥 위에 생선의 색과 구성의 조화를 염두에 두어 멋지게 담아내는데 특별히 가리는 생선이 없다면 쥐는 스시보다 더 다양한 생선을 맛볼 수 있어 좋다.
02 시메사바 이집의 시그니처메뉴. 고등어 안에 초밥을 넣고 봉처럼 만든 관서스타일의 스시. 소금과 식초에 절인 고등어를 숯불에 살짝 구워 비린 맛은 없애고 풍미와 향을 더했다.
03 청어메밀소바 고추의 매운맛을 살짝 가미한 깊고 개운한 국물 맛이 최고! 마치 한 잔의 차처럼 따뜻하게 음미할 수 있다. 우메보시와 함께 오랜 시간 은은하게 조려서 곁들인 청어는 잔가시가 녹아 먹기에도 편하고 대단한 풍미로 국수 맛을 한층 돋운다. 주로 저녁에 내는 메뉴로 술 한 잔 뒤 먹기에 딱이다.

Chef 최지훈

신라호텔 아리아께, 스시초이 등에서 조리장을 지낸 진정한 스시 선수. 그가 생각하는 최상의 서비스란 그날 오신 손님의 입장까지 섬세하게 배려하는 셰프의 진심어린 마음에서 비롯된다. 이집은 셰프지명제 예약으로 최 셰프가 쥐는 오마카세를 맛보려면 예약을 서둘러야한다.

INFOMATION

Tel　02-514-0812
Address　서울시 강남구 신사동 651-16
　　　　호림아트센터2 MF
Open　낮 12시~3시
　　　저녁 6시~10시
Menu　오마카세 (점심 10만원~, 저녁 18만원~)
　　　스시코스 (점심 5만5천원, 저녁 12만원)
　　　사시미코스 (점심 5만5천원, 저녁 15만원)
Room　룸 4개, 프라이빗스시룸 1개
Parking　발렛서비스

JAPANESE

창조적인 일식요리와 일본 본토 맛 스시

스시조

SUSHI CHO

스시조가 세계적인 레스토랑 가이드북 '자갓(ZAGAT)' 한국판에서 스시의 지존, 국보급 스시라는 평가를 받은 데는 다 이유가 있다. 알만한 사람이라면 다 아는 일본 최고의 스시 레스토랑 긴자 스시큐베이와 기술제휴를 맺어 일본 본토의 스시 맛을 그대로 전하고 있기 때문. 그곳의 스시 주방장이 들어와 상주하고 있으며 스시조 셰프들도 현지에 자주 가서 기술 전수를 받고 온다. 또한 현지에서 사용하는 식재료까지 고스란히 공수해오기 때문에 스시큐베이의 진수를 확실히 맛볼 수 있다.

스시조는 호텔 최고층인 20층에 있다. 인테리어는 그래머시 키친, 분더샵 등을 디자인한 이탈리아 디자이너 구이도 스테파노니가 맡았는데, 동양과 서양의 미를 조화시킨 모던한 분위기로 편안하고 깔끔하다. 이집의 가장 큰 자랑거리는 350년 된 편백나무로 만든 스시다이. 8m높이의 이 편백나무는 일본에서도 궁을 수리할 때나 쓸 수 있는 고가의 귀한 것으로 15년간 자연건조시켜 일본의 전문 장인이 만들었다. 아름다운 자연의 편백나무 스시다이 앞에 앉아 오마카세로 스시를 주문하면 과연 최고의 맛, 최상의 분위기가 따로 없을 터.

스시카운터 뿐만 아니라 프라이빗한 룸에서도 셰프가 직접 만들어 주는 라이브 스시를 즐길 수 있다. 룸에서는 벽면 가득 큰 창으로 서울시 전경을 내려다 볼 수 있는데 아마 대한민국에서 이렇게 높은 곳의 전망 좋은 곳에서 스시를 즐길 수 있는 곳도 드물지 않을까 싶다. 또한 스시조엔 음악이 없다. 조용한 분위기로 그만큼 식사와 대화에 집중할 수 있다.

스시조의 명성은 다만 스시 하나로 쌓아올려진 것은 아니다. 그 뒤에는 주방의 요리를 최고로 이끌어가는 한석원 주방장의 공이 크다 하겠다. 일본에 패션을 공부하러 갔다가 요리로 전향한 그는 타고난 센스와 세련된 감각을 요리에 적용시킨다. 기존의 일본 전통요리를 현대적으로 재해석해 내놓는데,

모던하고 세련된 양식 스타일의 담음새로 멋스럽고 먹기 편하며 부담이 없는 것이 특징. 그의 요리는 보는 즐거움과 함께 일본요리의 계절감을 잘 살려내고 있다. 그 계절에 가장 신선하고 영양가 높은 제철음식을 내놓는 것은 물론, 계절이 바뀔 때 마다 기본 메뉴를 바꿔주고 수시로 새로운 메뉴를 선보여 다채롭고 신선한 느낌을 준다. 요리를 담을 때도 계절을 한눈에 느낄 수 있도록 색이나 장식의 조화를 고려한다.

한 셰프는 채소가 적은 일본 요리에 서양 요리의 샐러드개념을 도입하고 요리마다 채소를 즐겨 곁들인다. 예를 들어 샐러드에 발사믹, 샤프란 드레싱을 첨가하여 정통과 현대의 맛 조화를 절묘하게 이뤄낸다거나 고기 요리에 색색의 채소를 일본식으로 조리해 보기 좋게 곁들인다. 서양요리에서만 사용하는 '송로버섯'을 전복과 함께 돌솥밥으로 지어 인기를 끌기도 했다. 사케를 좋아한다면 스시조에서 더 큰 즐거움을 맛볼 수 있다. 사케 소믈리에만 무려 3명을 두고 있으며, 스탠딩 사케바를 만들어 다양한 사케를 비치해 놓고 있다. 다른 곳에서 볼 수 없는 진귀한 사케를 취급하는데, 황실 신년 제용주, 황태자 성혼축하주 등 예술품이라 불릴 만한 사케 13종을 제조사로부터 독점 공급받는다. *Recommended by SDM*

01　02　03

01 캐비어와 트러플 카나페　모양은 서양식 카나페지만 맛은 일본의 풍미가 가득한 식전 요리. 바삭하게 구운 식빵 위에 일식으로 조리한 연어알과 캐비어, 송로버섯 등을 올렸다. 술안주로도 그만이다.

02 깨두부와 곤이 스프　대구 곤이를 체에 내린 다음 다시국물에 풀어 따끈하게 끓였다. 부드럽고 농밀한 국물과 고소한 깨두부가 무척 잘 어울린다. 겨울철 따뜻한 건강식으로 잘 맞는 제철요리.

03 데리야끼 소스의 쇠고기 스테이크와 순무 곁들임　한우를 사용해 소금, 후추, 산초로 간단히 양념한 다음 팬에 구워내고 데리야끼 소스를 살짝 끓여 만든 소스로 고기 자체의 맛을 한껏 살렸다. 슴슴하게 조리한 한입 크기 고기라서 먹기 편하고 부담도 없다.

Chef 한석원

창조적 일식 요리로 호평 받고 있는 스시조 뒤에는 총괄 셰프인 그가 있다. 맛은 기본, 타고난 센스와 감각이 남달라 일본음식의 시각적인 즐거움을 한껏 뽐낸다. 아직도 학구열이 대단해서 휴가 때는 일본에 가서 수시로 벤치마킹을 하거나 요리를 배워와 언제나 새로운 스시조의 요리를 이끌고 있다.

INFOMATION

Tel	02-317-0373
Address	서울시 중구 소공동 87 서울 웨스틴조선호텔 20층
Open	낮 12시~오후 2시30분 오후 5시30분~9시30분
Menu	점심세트 11만5천~21만7천8백원 저녁세트 14만5천2백~27만8천3백원
Room	8개
Parking	서울 웨스틴조선호텔 주차장 이용

27
JAPANESE

최고의 품격, 오감 만족 일식당
우오
UO

식당을 운영하면서 소문난 맛집을 두루 다녀보지만 맛과 서비스, 분위기까지 고루 갖춘 곳을 발견하기란 쉽지 않은데 스시 우오는 그런 점에서 보기 드물게 별 다섯 개라도 주고 싶은 오감만족 일식당이다. 특히나 대한민국의 내로라하는 스시집들이 모인 뜨거운 각축장 도산대로에 친절한 서비스정신과 일본 현지 분위기, 기본이 탄탄한 진미로 당당히 도전장을 내민 후발주자이기에 더욱 따뜻한 응원을 보내고 싶다.
처음 입구에 들어서면서부터 상냥한 미소로 맞이해주는 친절함에 기분 좋은 만족이 시작된다. 몇 계단 오르면 일본에서 자주 보던 대나무 울타리의 일식 야외테라스를 지나며 느긋한 여유로움을 맛볼 수 있는데 막상 문을 열고 들어서면 높은 천정고의 시원함 놀라움과 함께 세련되고 중후한 오크톤의 실내가 한눈에 들어온다.
스시우오는 스시카운터와 홀, 룸으로 실내가 구분되어 있는데 그날 선택한 메뉴에 따라 자리를 잡는 것이 좋다.
먹고 싶은 메뉴가 스시라면 단연코 스시 카운터에 앉을 것을 추천한다. 이집의 스시카운터엔 특별한 매력이 살아 숨 쉬는데 무엇보다 일본의 유명 종이작가인 호리키 에리코의 대형 작품과 기모노의 깃을 연상시키는 유려한 선의 의자가 시선을 사로잡는다. 또한 고석 위로 물이 흐르게 해 자연이 주는 시각적인 편안함과 함께 시원한 물소리를 들으며 스시를 음미할 수 있다.
이집의 이름 우오는 살아있는 물고기를 뜻하는 일본말로 이러한 작품 뿐 아니라 젓가락, 냅킨, 그릇까지 이름표처럼 모두 작은 물고기들을 앙증맞게 찍어놓았다. 사용하는 기물 일체를 일본에 특별히 맞춤 주문할 정도로 하나하나 세심한 정성을 들였다.
스시카운터에서는 사시미와 스시코스를 주문할 수 있는데 특히 오마카세코스를 가장 권하고 싶다. 오마카세는 '주방장 뜻대로 맡긴다'는

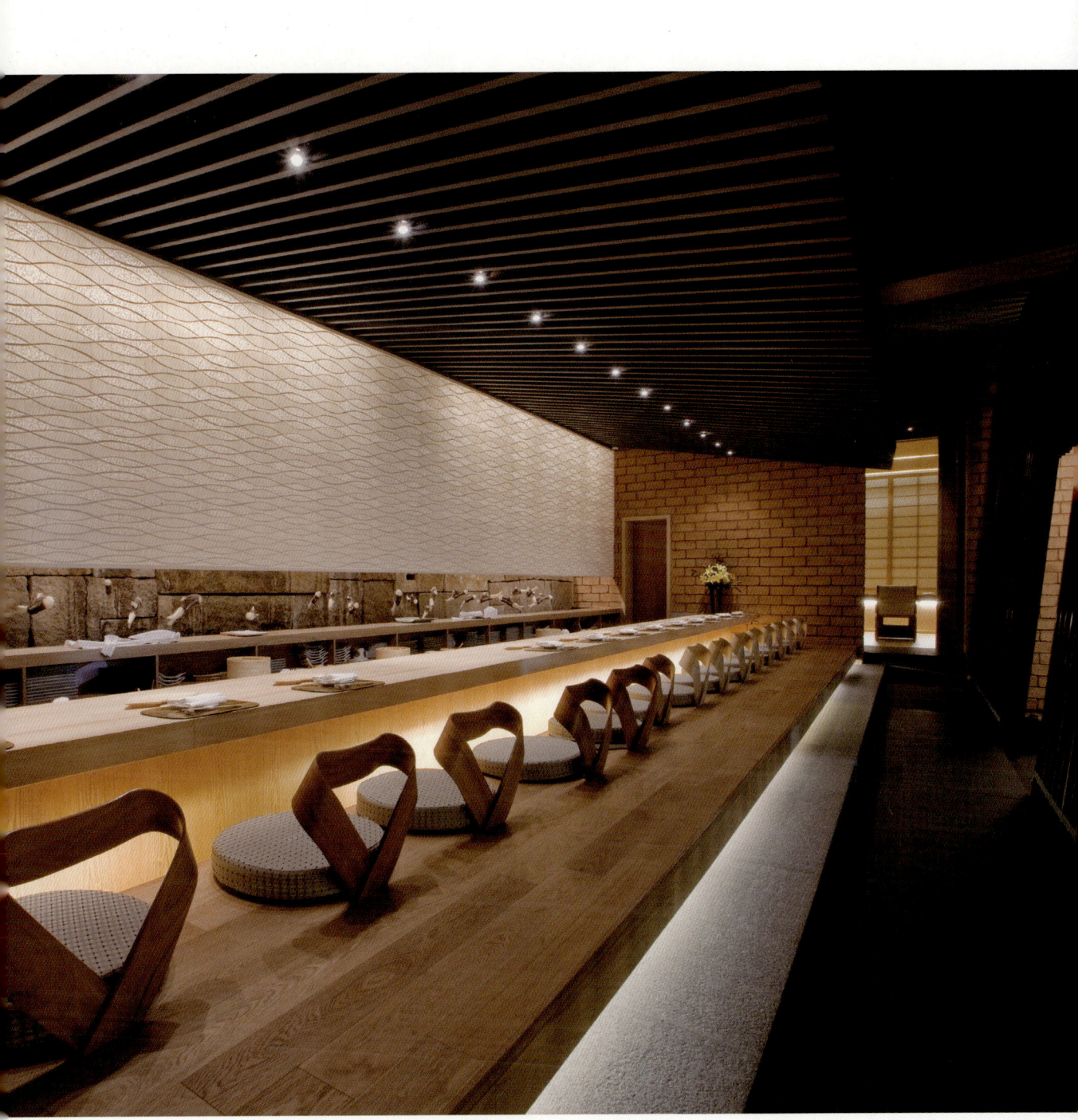

일본말로 요즘 한국의 스시집에서도 꽤 널리 퍼진 메뉴이다. 계절에 따라 신선도에 따라 그날그날 준비한 최고의 재료로 초밥을 쥐는 즉시 먹을 수 있다. 처음 스시카운터에 앉으면 좋아하고 싫어하는 생선에 대해 셰프와 대화를 나눠야 제대로 자신이 좋아하는 스시를 즐길 수 있다. 한 번 온 손님에 대한 기호는 상세히 기록되며 이후에는 알아서 취향에 맞춰 스시를 쥐어주니 제대로 대접받는 만족감을 느낄 수 있다.

청담동, 신사동 쪽에 그동안 많이 선보여진 창작스시와 달리 우오에서는 스시 본연의 맛을 최대한 살린 정통 에도마에스타일을 추구한다. 부담없는 한입 크기로 생선과 밥이 딱 맞게 어우러지며 특히 간장소스를 붓으로 생선에 일일이 발라주기 때문에 먹기가 편하다. 생선은 대부분 국내산 자연산을 고집하고 있으며 본토 그대로의 맛을 느낄 수 있도록 쌀, 와사비, 간장 등 하나에서 열까지 긴자 큐베이 출신 타카하시 토루 셰프가 직접 관여하며 고품격 스시의 맛을 이끈다.

오붓하고 은밀한 만찬을 즐기고 싶다면 룸 쪽으로 자리 잡는 것이 좋다. 총 4개의 다다미 룸과 신발을 벗지 않아도 되는 테이블룸 2개가 준비되어 있어

01 02
03 04

01 사시미 제철의 자연산 생선을 가장 맛있게 숙성해 내놓는다. 와사비를 사시미 위에 살짝 바르고 간장을 찍은 다음 사시미가 먼저 혀에 닿게 먹는다. 숙성된 사시미와 매운 와사비, 간장의 짠맛이 어우러져 입안 가득 부드러운 풍미를 느낄 수 있다.
02 스시 우오의 스시는 한입에 딱 먹기 좋은 크기로 간장소스를 붓으로 고루 발라 내놓기 때문에 따로 간장을 찍어 먹을 필요가 없다.
03 전채요리 제철의 신선한 재료로 계절감각을 잘 살려낸 카이세키 요리. 단풍잎, 앙증맞은 그릇들을 활용한 담음새가 아기자기하다.
04 스시 자연산 생선을 숙성해 만든 우오의 스시는 찰지고 쫀득한 맛이 각별하다. 담백한 생선부터 맛이 진한 순서로 나오며 손님의 취향에 따라 맞춤 서비스를 해준다.

취향대로 선택할 수 있다.

일본 정통 료칸을 모티브로 한 프라이빗 룸은 한 면 전체를 커다란 통창으로 설계해 야외 테라스와 소나무 등 자연경관을 보면서 식사할 수 있다. 기모노스타일의 유니폼을 입은 직원들의 섬세한 서빙을 받다보면 마치 도쿄의 어느 료칸이나 일식당에 와있는 기분이 든다. 룸에서는 필히 료칸의 꽃이라 불리는 카이세키코스를 즐겨보기 바란다. 카이세키란 결혼식이나 공식 연회 또는 손님 접대 시 나오는 일본 요리로 예술적인 담음새가 특징이다. 우오에서 준비한 9가지코스의 정찬은 재료, 요리법, 맛이 중복되지 않고 다채롭게 구성한 정성이 더욱 돋보인다. 계절을 담아낸 화려한 수준급 요리들은 맛은 물론이고 음식의 색과 모양, 그릇까지 조화를 이루어 보는 즐거움까지 동시에 만족시켜준다.

점심에는 도시락, 장어, 지라시 덮밥 등 세트메뉴로 일본 정통 스타일의 식사를 빠르고 간편하게 즐길 수 있다. 특히 점심용 스시와 사시미코스는 실속있는 가격으로 우오의 섬세한 전채요리, 자연산 생선, 계절요리, 디저트 등을 골고루 즐길 수 있어 저녁의 디너가 부담되는 분에게 추천할 만하다. 달걀찜 하나, 밥 한 그릇에도 다른 집과 차별되는 우오만의 깊이 있고 맛깔스러운 조리법이 담겨있으며, 먹는 동안 코스의 순서가 궁금하지 않도록 테이블용 작은 메뉴표까지 준비하는 등 손님에 대한 차원 높은 정성이 대단하게 느껴진다. *Recommended by SMS*

Chef 타카하시 토루

미슐랭에서 별 세 개를 받은 스시의 명가 긴자 큐베이에서 7년간 근무하며 최고의 스시를 만들었다. 일본의 유명업장에서 총 35년이라는 오랜 경력을 쌓은 그가 가장 중요하게 생각하는 것은 밥과 생선의 조화. 심오한 장인의 표정으로 화려하게 펼치는 그의 손놀림으로 스시 본연의 맛에 충실한 정통 스시가 만들어진다.

INFOMATION

Tel	02-518-4224
Address	서울시 강남구 신사동 650-9 파크뷰빌딩 1층
Open	낮 12시~오후 3시 오후 6시~10시
Menu	런치정식 4만5천~5만원 오마카세 (점심 8만8천원~, 저녁 19만5천원~) 디너코스 11만~15만5천원
Room	룸 7개 (좌식룸 4개, 테이블룸 2개 스시카운터가 있는 VIP룸 1개)
Parking	발렛서비스

28
JAPANESE

합리적인 가격으로 생선과 고기요리를 함께 즐길 수 있는 곳

키사라

KISARA

사업상 중요한 미팅을 할 때면 LG트윈타워 5층의 키사라를 찾는다. 이곳은 조용한 분위기와 과하지 않으면서 손님을 먼저 배려하는 따뜻한 서비스, 합리적인 가격과 맛 모든 것을 갖추었기에 비즈니스 미팅 장소로 제격인 곳이다.

키사라는 일본말로 사계절의 다양한 색과 멋을 즐기며 여유롭게 시간을 보낸다는 의미. 세계적인 인테리어 디자이너 마츠모토 테루히사의 손을 거친 실내는 옅은 올리브그린의 모노톤으로 심플하고 세련된 분위기가 돋보인다. 군더더기가 없는 깔끔한 인테리어는 마치 도쿄 긴자의 모던한 고급일식당을 연상케 한다. 다다미방과 테이블룸을 비롯해 소파를 갖춘 제법 큰 규모의 룸까지 10개의 룸이 있는데, 완벽한 방음시설을 자랑하기에 방해받지 않고 차분하게 식사를 즐길 수 있다. 때문에 정관계 인사, 기업인, 방송연예인들이 유독 많이 찾으며 주말에는 상견례예약이 주를 이룬다.

이곳의 매력은 창밖으로 보이는 아름다운 한강의 뷰에 있다. 날씨가 좋은 날이면 한강 너머 서울 풍경을 만끽할 수 있고 밤이면 강물에 비치는 불빛들과 함께 주변의 야경을 감상할 수 있어 근사한 분위기를 낼 수 있다. 창가의 룸들은 인기가 많기 때문에 예약을 서둘러 이왕이면 이집만의 매력을 꼭 느껴보기 바란다.

키사라에서는 신선한 생선요리와 고기요리를 함께 즐길 수 있다. 돌판이나 철판에 구워내는 고기요리들이 아주 제대로 맛을 내고 있으며 코스메뉴 속에서 현대적으로 재해석한 카이세키요리들과 어울려 다양한 일본의 맛을 느낄 수 있다.

점심엔 따뜻한 냄비요리가 나오는 나베코스부터 스시코스, 세히로코스, 이시야끼 코스가 있는데 그중에서 이시야끼와 세히로코스 만큼은 꼭 먹어보길 권한다. 이시야끼는 돌판 위에 고기를 구워먹는 일본 대마도특선 요리로

뜨겁게 달군 개인용 돌판 위에 쇠고기 등심을 올려 원하는 굽기로 구워먹을 수 있다. 호주산 와규등심을 내는데 고기 냄새가 전혀 없고 기름지지 않으면서도 부드러운 식감이 먹을수록 당긴다. 고기가 꽤 큼직하게 썰어져 나오기 때문에 취향에 따라 다르겠지만 살짝만 구워야 가득 머금은 육즙을 풍부하게 즐길 수 있다. 세히로코스에서는 세히로 무시라는 일본 나무 찜기 안에 큰 전복과 채소를 담백하게 쪄서 소스에 찍어 먹는 메인요리가 나온다. 나무향이 살짝 밴 전복과 채소의 슴슴한 맛으로 어르신들이 특히 좋아할만한 메뉴다. 개인용 화로에 나오기 때문에 다 먹을 때까지 따뜻하게 즐길 수 있다.

저녁엔 와후스테이크와 냄비요리를 함께 즐길 수 있는 일식 스테이크 코스가 인기다. 와후스테이크란 일본풍의 스테이크로 뜨거운 철판에 일식 간장소스와 두툼한 쇠고기를 넣어 지글지글 구우면서 먹는 요리다. 고기에 배어든 간장소스의 풍미가 일품이다.

평일 점심엔 도시락정식, 장어덮밥, 회덮밥 등 간단한 세트메뉴를 마련해 인근 사무실 직장인의 인기를 얻고 있다.

여의도 엘지타워 동관 건물로 들어가면 어느 쪽 엘리베이터를 타는지 잠시 머뭇거려지는데, 오른편 엘리베이터를 이용하면 곧바로 5층 키사라 입구 쪽으로 갈 수 있다. *Recommended by SMS*

01　02　03

01 **도미머리조림**　달착지근한 간장에 부드럽고 먹음직스럽게 조린 도미머리와 채소가 어우러진 특선 요리. 미리 예약 주문을 해야 맛볼 수 있다.
02 **세히로찜**　세히로라는 나무 찜기 안에 계절에 맞는 채소와 전복을 넣고 쪄낸다. 재료에 간이 전혀 안되어 있으며 나무 특유의 특별한 향을 즐길 수 있다. 유자향의 초간장 소스에 찍어 먹는다.
03 **이시야끼**　이시야끼는 돌구이라는 뜻. 식탁에서 개인용 작은 돌판에 호주산 와규를 몇 점 구워 다른 코스요리와 함께 즐긴다. 간장과 일본된장을 섞어 만든 소스의 풍미가 일품.

Chef　김현우

일본요리 경력 18년, LG타워쪽에서만 10년이 넘게 있었다. 일본 정통요리인 카이세키요리를 현대적으로 재해석해 나름의 색깔을 내고 있다. 조금 시간이 더 걸리고 힘들더라도 항상 기본을 지키고 정도를 고수하는 것을 원칙으로 삼는다.

INFOMATION

Tel	02-3773-1252
Address	서울시 영등포구 여의도동 29 LG트윈타워 동관 5층
Open	오전 11시30분~오후 2시30분 오후 5시30분~10시 일요일 휴무
Menu	점심코스 5만5천~8만5천원 저녁코스 9만~15만원
Room	10개
Parking	LG트윈타워 지하 주차장 (점심 2시간, 저녁 3시간 주차권 지원)

29
JAPANESE

하카타식 일본 정통 스키야키와 복어요리 전문점
하카타 타츠미
HAKATA TASUMI

하카타 타츠미는 일본 후쿠오카의 3대 명인 스시 및 요리점인 타츠미스시의 한국내 두 번째 매장. 이태원의 1호점이 스시 전문점이라면 2호점인 이집은 컨셉을 달리해 샤브샤브와 스키야키, 복요리가 전문이다. 모든 요리들은 타츠미스시의 오너 셰프가 프로듀싱 하고 그곳의 셰프들이 직접 상주하며 본고장의 맛을 그대로 재현한다. 강한 맛의 일본 관동지역과 달리 부드러운 맛이 특징인 관서지방의 조리법으로 재료 본연의 맛을 살리며 자극적이지 않고 담백한 맛을 느낄 수 있다.

이제는 좀 흔해졌지만 스키야키, 샤브샤브는 무슨 뜻일까? 요리 하나를 먹어도 그 유래를 알면 더 재미있을 터. 스키란 철농기구를 뜻하는 일본말. 스키야키는 원래 일본에서 고기 먹는 것이 금지되어 있던 시절, 농부들이 밭을 갈다가 철로 만든 쟁기에 몰래 고기를 구워먹었던 것에서 비롯되었다. 샤브샤브는 찰랑찰랑이라는 뜻으로 징기스칸 때 전투병들이 쓰던 투구에 물을 끓여 고기를 익혀 먹었던 음식이다. 유래는 모두 제대로 된 조리 기구 없이 고기를 간편하게 익혀내는 방식이었는데 이것이 오늘날 대중들이 즐겨먹는 요리로 발전된 것이다. 우리나라도 토렴(밥에 뜨거운 국물을 붓고 따르기를 반복해서 데우는 국밥의 조리법)처럼 건강에 좋은 옛방식들이 대중화되기를 셰프의 한 사람으로서 염원해본다.

최고의 스키야키를 맛보고 싶다면 단연 하카타 타츠미다. 매일 마장동 고기시장에서 산지를 따지지 않고 그날의 가장 좋은 쇠고기만을 가져오기에 그 어느 곳보다 훌륭한 육질을 자랑한다. 접시에 펼쳐 담은 붉은 쇠고기를 보노라면 섬세한 마블링으로 마치 한 떨기 꽃을 보는 듯 아름답다. 소스는 담백하고 달지 않지만 깊은 맛이 제대로다. 그 맛의 베이스는 정종. 끓여서 알콜을 날린 정종에 두 가지 간장을 섞는데 각고의 노력으로 가장 맛있는 황금비율을 찾아냈다. 철 냄비에 소스를 보글보글 끓여 고기를

익힌 뒤 진득한 달걀노른자에 찍어 한 점 맛보면 과연 고기인가 할 정도로
부드럽고 풍미가 넘친다. 또한 특유의 깊은 소스 맛이 육질 사이에 배어들어
맛깔스럽기가 이루 말할 수가 없다. 이집에서는 샤브샤브도 은은한 맛으로
괜찮지만 스키야키를 찾는 손님이 훨씬 더 많다. 일일이 고기를 맛있게
익혀주는 직원들의 서비스가 있기에 더 편안하게 친교모임이나 비즈니스
모임을 할 수 있으리라. 식사가 끝나면 따끈한 물수건을 내오는데 다른
집에서는 드문 서비스로 사소한 것이지만 손님을 위한 배려를 느낄 수 있다.
찬바람이 불면 이집의 명품요리 복어코스가 시작된다. 육질이 탱탱하고
잡냄새 없이 깔끔한 참복만을 사용하는데 수조를 갖추고 모두 살아있는 것을
사용하기에 더욱 맛있다. 복사시미, 복어알튀김, 복어 냄비 등 일본식으로
다채롭게 조리해 내놓는다. 여름에는 복 대신에 제철 풍천장어를 일본식
코스요리로 선보이는데 이것 또한 인기가 좋다.

이집은 아직 한국말 간판이 없어 입구를 좀 찾기 힘든 편. 대신 아라리오
갤러리건물을 찾아 1층으로 오면 더 쉽다. 분위기가 일본의 감성이 물씬
묻어나면서도 꽤 모던하며 고급스러워 기업의 CEO, 연예인, 연인들도
많이 찾는다. 룸이 있지만 지하의 VIP를 위한 널찍한 룸을 제외하곤 차라리
테라스가 보이는 홀 쪽이 시원시원하고 분위기가 더 좋다. *Recommended by SDM*

01 02 03

01 도미조림 주방장 추천요리로 도미에 무, 브로콜리, 우엉, 파를 넣어 향긋하고 풍미있게 조렸다. 파채와 생강채를 곁들여 훨씬 산뜻하게 즐길 수 있다. 사케나 와인, 일본소주 안주로 그만이다.
02 복사시미 얇은 복사시미에 영양부추와 쫄깃한 복껍질을 올리고 돌돌 싸서 먹는다. 보통은 미나리를 많이 쓰지만 부추향도 잘 어울린다. 폰즈소스에 무 간 것을 넣고 연귤즙을 살짝 뿌려 찍어먹으면 소화도 잘 되고 향긋해서 좋다.
03 전복철판구이 버터를 녹인 뒤 얇게 저민 전복을 올려 각자 원하는 만큼 구워낸다. 유자 베이스의 향긋한 무 폰즈소스와 소금이 준비되는데 전복은 소금에 살짝 찍어 먹는 것이 전복 본연의 향과 맛을 더 잘 느낄 수 있고 채소는 폰즈소스가 잘 어울린다.

Chef 하마다 수미오

일본 최고의 오사까 쯔지 요리학교 출신으로 요리 경력 30년이 넘는 베테랑. 일본 타츠미의 셰프로 이곳에 파견 나왔다. 그가 이집에서 맡은 부분은 계절감각을 잘 살려낸 가이세끼요리. 오랜 경험과 타고난 솜씨로 일본의 맛을 제대로 살려낸 코스요리를 선보이고 있다.

INFOMATION

Tel	02-548-0712
Address	서울시 강남구 청담동 99-5 아라리오 갤러리 1층
Open	오전 11시30분~오후 2시 오후 6~10시
Menu	스키야키 코스 (점심 4만4천~6만6천원, 저녁 11만원) 복코스 14만3천원
Room	5개
Parking	발렛서비스

CHINESE

최강손맛, 몸이 편안해지는 웰빙 중식당
수엔
SUEN

내 인생의 동반자이자 사업의 핵심 파트너 아내는 미각이 뛰어나 나의 외식사업에도 적지 않은 도움을 주곤 한다. 바쁜 그녀와 함께 어쩌다 외식이라도 할라치면 중식당은 꺼리기 일쑤다. 기름진 중식을 먹은 뒤엔 왠지 몸이 편치 않다는 것이다. 수엔의 오너셰프 여경옥씨는 그런 그녀와 함께 안심하고 기분 좋게 즐길 수 있는 중식을 만들어내고 있다.
'수엔'은 그 유명한 광화문 중식당 '루이'의 여경옥씨가 그의 형과 함께 투자하고 직접 운영하는 중식당이다. 여씨의 아명에서 따온 이름 '수엔'은 순조롭게 잘 풀린다는 의미. 공교롭게도 루이와 수엔 모두 주변에 사무실이 많은 신문사 건물에 위치하다보니 주요 고객층도 사회 저명인사나 정치인이 많고 고급 비즈니스를 하려는 사업가들도 꽤 있다.
우리부부가 여경옥씨의 음식을 특히 좋아하는 이유는 그의 요리철학과 그가 만든 요리가 딱 맞아떨어지기 때문이다. 그의 요리철학은 '나가서 밥 먹을 때 낸 돈이 아깝지 않게 맛있고 기대 이상으로 만족스러워야 한다'는 것. 실제로 그의 음식을 먹고 나올 때면 거품 없는 가격으로 호텔 수준 이상의 맛있는 음식을 먹었다는 생각에 흐뭇해진다.
수엔의 메뉴와 맛은 루이와 별반 다르지 않다. 가격은 루이보다 조금 높은 편이지만 사업상 손님을 모시고 갈 때면 고급스러운 분위기가 한 수 위인 수엔을 더 찾게 된다.
12층에 위치한 이집은 천장이 높으면서 큰 창을 통해 남산을 조망할 수 있는 시원시원한 분위기가 맘에 든다. 사시사철 변하는 남산을 바라보며 식사를 할 수 있으니 햇살이라도 좋은 날이면 화사한 분위기가 더 돋보인다. 공간에 비해 테이블 수가 적은 편이라 널찍하고 편안하며 크고 작은 룸이 있어 모임하기에 좋다.
수엔에서는 불도장과 샥스핀이 들어간 코스요리를 꼭 먹어보라고 권하고

싶다. 신라호텔의 유명한 중식당 '팔선'에서 20년 넘게 근무한 여경옥씨의 내공을 단번에 느낄 수 있는데 특히 몸이 좀 으슬으슬 안 좋은 날이면 그의 따끈하고 개운한 불도장이 그리워진다. 샥스핀은 요리하기에 다소 까다로운 재료이다. 적당한 질감과 씹는 맛이 중요한데 어쩌면 이리도 딱 맞춰 요리했을까 하는 생각이 들 정도로 제 맛이 살아난다. 그의 손맛은 해삼요리에서도 진면목을 발휘한다. 좋은 재료로 정성껏 손질해 만든 다양하고 참신한 해삼요리들은 누구를 데려가 대접해도 어깨가 으쓱해진다. 이집의 음식은 전반적으로 기름지지 않고 자극이 적은 가운데 감칠맛이나 살짝 매콤한 맛 등으로 입맛을 돋워줘 맛있게 느껴진다. 특히 간이 세지 않아 음식을 먹고 난 뒤 속이 편안하고 물이 쓰이지 않는다.

중국요리는 워낙 종류가 많아 단품으로 입맛에 맞는 요리를 골라 먹는 재미도 좋지만 이집에서만큼은 코스요리가 더 실속 있다. 워낙 오랜 내공의 요리사가 재료와 조리법이 겹치지 않게 짜놓은 메뉴이므로 믿고 어느 것을 골라도 실패할 염려가 없기 때문이다. 계절을 담은 요리 서너 가지만 추려놓은 알짜배기 코스로 지나치게 배부르거나 미각이 피곤해지는 일 없이 딱 맞는 식사를 즐길 수 있다. 단골들의 식성도 리스트화해서 관리하므로 충분한 대화를 통해 취향을 알려주면 더 맛있게 식사할 수 있다. *Recommended by SMS*

01　02　03

01 불도장　샥스핀, 송이, 해삼, 오골계 등이 들어간 중국 최고의 보양식. 두반장을 조금 타서 먹으면 우리 입맛에 개운하게 잘 맞는다.
02 새우칠리소스　첫맛은 달콤새콤, 끝맛은 매콤! 어른, 아이 할 것 없이 누구나 좋아하는 메뉴다. 폭신하게 씹히는 새우살과 함께 두반장과 케첩을 끓이지 않고 볶아내 고소한 향이 특별하다.
03 단호박일품해삼　단호박을 반으로 잘라 그릇처럼 활용한 독특한 메뉴. 야채와 함께 요리해낸 해삼요리가 고소하고 부드러우면서도 매콤한 맛이 입맛을 끌어당긴다. 달달하고 포근한 단호박찜을 함께 먹으면 부담 없는 한끼 식사로도 그만이다.

Chef 여경옥

중식당 수엔과 루이의 오너셰프. 탄탄한 내공과 넘치는 열정으로 고객의 입맛을 사로잡는 그는 누구나 공인하는 국내 최고의 중식당 신라호텔 '팔선'의 조리장 출신. 끊임없는 식재료와 조리법 연구를 통해 손맛 좋은 웰빙 중식을 만들고 있다.

INFOMATION

Tel　02-2000-2888
Address　서울시 중구 필동 1가 30-1번지 매경미디어센터 12층
Open　오전 11시30분~오후 2시30분
　　　오후 5시30분~9시30분, 토요일 휴무
Menu　런치코스 4만~18만원
　　　디너코스 5만~18만원
Room　6개
Parking　매경미디어센터 지하주차장 이용

31
CHINESE

본토 명인이 직접 빚는 딤섬과 광동, 후난식 요리
몽중헌
MONGJUNGHEON

중국음식이라면 짜장면이나 탕수육이 전부인줄 알다가 요리 공부하러 일본에 가서야 제대로 된 중국요리를 처음 맛봤다. 그때의 놀라운 감동은 지금도 잊을 수가 없다. 청담동 몽중헌은 그 감동 그대로 맛있는 딤섬과 함께 클래식한 중국요리의 진수를 맛볼 수 있는 곳이다.

이집은 딤섬이 강조되어 있긴 하지만 다른 요리들도 못지않게 훌륭하다. 흔히 말하는 중국의 4대 요리를 골고루 맛볼 수 있는데 그중에서도 광동요리와 후난식 요리가 중심이다. 후난식 요리란 광동성의 후난지역 음식을 말하는데 고추로 낸 상쾌한 매운맛이 매력적이다. 매운 끝 맛이 오래 가지는 않고 바로 사라져 깔끔하게 마무리되는 것이 특징.

중국의 4대요리란 광동, 북경, 상해, 사천지역의 요리를 말한다. 이집에서 주로 선보이는 광동요리란 어떤 것일까? '먹는 것은 광동'에서라는 말이 있을 정도로 광동 지역은 옛날부터 요리가 발달한 곳이다. 자연의 맛을 살리는 담백함이 특징인데, 상대적으로 간을 싱겁게 하고 기름도 적게 써 가장 대중적인 요리로 꼽힌다. 탕수육, 팔보채도 사실은 광동 요리이며 중국 요리의 보석으로 꼽히는 딤섬도 광동 요리다. 대개 딤섬하면 홍콩을 떠올리지만 지금 홍콩에서 딤섬을 만드는 셰프들은 사실 광동지역 출신으로 딤섬의 원조는 광동이다.

북경식 요리는 북쪽에 있는 만큼 화력이 강한 석탄을 연료로 사용했기 때문에 튀김요리와 볶음 요리 등 맛이 진하고 기름진 요리가 특히 발달해 있다. 상해는 비교적 바다와 가깝기 때문에 해산물을 주로 이용하고 간장과 설탕을 많이 쓰기 때문에 달고 진한 맛이 난다. 사천지방은 더위와 추위가 심해 향신료를 많이 쓴 요리가 발달한 것이 특징. 따라서 매운 요리와 마늘, 파, 고추를 사용하는 요리가 많다. 마파두부가 대표적인 사천요리이다.

몽중헌 입구엔 특이하게도 명인들이 딤섬 만드는 것을 밖에서도 볼 수 있게

오픈주방을 만들어 놓았다. 한눈에 딤섬이 차지하는 비중이 상당히 높은
중식레스토랑임을 알려준다. 유리너머 중국 및 홍콩 현지에서 초빙한 딤섬
명인들이 부지런히 딤섬을 만들어 쪄내는 모습 또한 하나의 볼거리라 하겠다.
이집 딤섬은 우선 다른 집에 비해 월등히 많은 가짓수를 자랑한다. 서른
가지에 가까워 마치 홍콩의 얌차에서처럼 골라먹는 재미를 즐길 수 있다.
모양도 맛도 가지가지지만 특히 인기를 끄는 메뉴는 하교와 구채교. 하교는
맑게 비치는 쫀득한 피 안에 다진 새우와 해산물이 어우러져 있는데 씹으면
톡톡 터지는 맛이 기막히게 맛있다. 구채교는 새우와 부추가 어우러진 것으로
부추 때문에 느끼하지 않아 우리 입맛에 꼭 맞는다. 흥미로운 딤섬 중에
상하이소롱포가 있다. 딤섬 안에 맑은 육수가 들어가 있기 때문에 베어 물지
말고 한입에 다 넣거나 숟가락으로 받치고 먹어야 육수를 흘리지 않는다.
몽중헌은 중국의 명인 셰프들과 함께 40년 넘는 경력의 베테랑 조리장이
주방을 이끌기에 온갖 산해진미를 제대로 만들어내고 있다. 단품보다는
딤섬과 함께 요리를 먹을 수 있는 코스메뉴가 인기다. 코스는 런치와
디너로 나뉘어져 있고 3인 이상 주문 가능한 주방장특선세트메뉴가 따로

| 01 | 02 |
| 03 | 04 |

01 팔진샥스핀찜 여덟 가지 진미에 홀샥스핀을 넣고 찐 보양식. 오리지널 팔진이라면 노루힘줄, 해구신도 들어가야 하지만 여기서는 현대적으로 풀이해 해삼, 전복, 관자, 송이, 새우 등 고급 재료를 조합해 맛깔스럽게 요리했다.
02 바닷가재마늘소스 다른 집에 보기 드문 광동식 바닷가재요리로 이집에서도 귀한 손님께 한 번씩 선보인다. 바닷가재를 통째로 찌고 마늘소스를 끼얹어 느끼하지 않고 산뜻하다.
03 삼겹살찜 북경의 대표적인 요리로 옛날 중국 시인 소동파가 즐겨 먹었다고 해서 일명 동파육이라고도 부른다. 약재를 넣고 정성을 다해 쪄낸 요리로 돼지고기 누린내가 전혀 나지 않고 부드럽고 쫀득한 식감이 좋다.
04 세가지 딤섬 중국 명인이 직접 빚어 본토 맛을 잘 살린 딤섬. 아래에서부터 소매, 구채교, 사희교. 주로 코스요리의 스타터로 많이 먹는다. 쫄깃한 피와 정성껏 제대로 만든 속 재료가 잘 어우러진다.

있다. 주방장특선세트메뉴에는 특선딤섬과 함께 제비집, 악어꼬리 등 다른 곳에서 맛보기 드문 진귀한 요리를 선보여 이집 주방장만의 내공과 비법이 담긴 솜씨를 맘껏 즐길 수 있다. 알맞은 양과 가짓수로 비즈니스 접대나 귀빈접대하기에 적당하다.

몽중헌은 꿈속의 집이라는 의미다. 마당에 진시황릉의 병마용 모양 조각상들이 인상적이다. 내부는 1층과 2층으로 되어있는데 각층의 분위기가 사뭇 다르다. 1층의 홀은 창이 없고 다소 차분하면서 클래식한 분위기. 홀이라지만 테이블 간의 간격이 넓고 사이사이 파티션이 있어 요리와 대화에 집중할 수 있다. 1층 안쪽의 룸은 테라스와 소파, 명품 오디오까지 갖추고 있어 귀빈을 모시기에도 부족함이 없다. 반면 2층은 통창과 높은 천장으로 굉장히 밝은 분위기다. 물줄기가 흐르는 벽이라든가 중국에서 좋은 의미를 갖는 새장모양의 조명까지 경쾌하고 아기자기하다. 2층에도 크고 작은 룸들이 있어 비즈니스 접대나 귀한 만남의 자리로 알맞은 곳이다. *Recommended by SDM*

Chef 당평안

중국요리경력만 40년이 훌쩍 넘는다. 힐튼 호텔, 오크우드 호텔 등 특급 호텔의 중식당 조리장을 여러 차례 지내다가 이곳 주방을 총괄하고 있다. 한때의 유행을 쫓기보다 기본에 충실하면서 정성을 다한 정통 중국요리로 승부하고 있다.

INFOMATION

Tel	02-3446-7887
Address	서울시 강남구 청담동 100-6
Open	오전 11시30분~오후 3시
	오후 5시30분~10시
Menu	점심코스 3만3천~6만원
	저녁코스 5만~11만원
	주방장특선셋트메뉴 20만~30만원
	딤섬(3개 기준) 9천5백원
Room	8개
Parking	발렛서비스

CHINESE

초고층의 빼어난 전망과 함께 즐기는 진귀한 미각의 세계
백리향
PAENGNIHYANG

서울에서 제일 높은 63빌딩은 남산과 맞먹는 높이로 이곳에 오르면 시원스레 펼쳐진 경치에 가슴이 절로 확 트인다. 여기 57층에 위치한 백리향은 초고층의 빼어난 경치와 함께 중국 광동과 사천요리를 고루 맛볼 수 있는 소문난 중식당이다. 역대 대통령이 모두 다녀갈 정도로 격조가 남다르며 지금도 정관계 인사들이 즐겨 찾을 만큼 서비스와 분위기, 맛 모두 품격이 넘친다.

입구에 들어서면 화려한 연꽃 모양의 은은한 조명이 동양의 신비로움과 함께 모던한 분위기를 연출한다. 여기에 중국 전통의 수묵화를 조각으로 표현한 황금빛 벽면은 화려한 중국 문화를 물씬 풍기며 고급스러움을 한껏 자랑한다. 이집은 동서남북 4면을 통유리로 마감해 낮에는 시원한 풍광을, 밤에는 서울의 휘황찬란한 야경을 제대로 즐길 수 있다. 공간 활용을 참 잘한 집으로 아늑한 홀과 룸, 이동식 칸막이룸으로 구성되어있어 가족, 연인들의 오붓한 식사는 물론 비지니스 모임이나 상견례에도 안성맞춤. 120여명을 수용할 정도로 규모가 꽤 커서 돌잔치나 생신연, 연회 등의 행사를 치루기에도 그만이다.

백리향은 향긋한 냄새가 백리를 간다는 뜻으로 요리의 명성과 맛이 백리를 간다는 의미를 갖고 있다. 창밖의 근사한 비주얼에 걸맞게 음식도 고급스럽고 기품 있는 맛을 내고 있다. 주방을 지휘하는 왕전생은 홍콩국제요리대회에서 각 나라를 대표한 유명 중식 조리사를 제치고 당당히 대상을 수상한 실력파. 이집의 요리들은 한결같이 재료의 맛과 색감, 식감이 남다르다. 발군의 요리솜씨, 신선한 고급재료 그리고 화력이 대단한 홍콩의 화덕을 들여와 사용하는 덕분이다.

음식은 정통을 살리는 가운데 현대적인 감각을 추구하는데, 특히 프랑스요리 못지않은 세련된 담음새로 눈이 먼저 즐거워진다. 여기에 중국요리 특유의

느끼함을 대폭 줄이고 식자재 본연의 맛을 충분히 살려낸 담백하고 부드러운 맛으로 까다로운 미식가들에게도 인기를 얻고 있다.
최고 베스트메뉴는 불도장과 샥스핀탕. 불도장이란 옛날 당나라 때 한 스님이 맛있는 냄새에 이끌려 담을 넘어 맛보러 갔다는 유래에서 얻은 이름이다. 이집의 불도장도 과연 담장이라도 뛰어넘을 만큼 진미를 자랑한다. 불도장 하나만 먹으러 와도 좋을 만큼 만족스럽달까. 개운하고 깊은 맛에 속이 따뜻해지며 온몸이 살아나는 기운을 느낄 수 있어 보양식을 먹고 싶을 때 더욱 당기는 메뉴다.
샥스핀탕은 따끈하게 먹어야 제 맛이기에 이집에서는 테이블에 개인 화로를 준비하고 끓는 육수에 찐 샥스핀과 채소를 넣어 먹도록 서빙한다. 보글보글 끓는 육수에 뜨겁게 데워 먹는 샥스핀은 국물의 감칠맛과 함께 특유의 식감이 제대로 살아나 훨씬 맛있다. 식사로는 특히 고춧가루를 넣지 않은 맑은 육수의 백짬뽕이 유명하다. 이 짬뽕은 귀한 손님의 하얀 셔츠에 붉은 국물이 튄 것이 죄송스러워 하얗게 개발한 메뉴. 등뼈, 닭발, 노계, 채소 등의 재료를 3시간 이상 달여서 만든 진한 국물맛과 청양고추로 살린 칼칼함이 제대로다. 한 번 맛보면 자꾸만 먹고 싶은 중독성을 가질 정도로 맛있다. *Recommended by SDM*

01　02　03

01 **불도장**　도가니, 돼지 뒷다리살, 노계, 닭발, 여러 가지 채소를 약한 불로 48시간 동안 은은하게 우려낸 육수에 오골계, 삭스핀, 송로버섯, 송이버섯, 전복, 해삼, 새우, 은이버섯을 넣고 끓여냈다. 엄지손가락을 추켜 세울 정도로 국물 맛이 기막히게 깊고 개운하다.
02 **삭스핀탕**　48시간 동안 우려낸 육수에 굴소스로 간을 했다. 그 육수를 개인 화로에 끓이면서 삭스핀 찐 것, 숙주, 표고버섯, 고수, 능이버섯을 넣어 섞어 먹는다. 뜨겁게 먹을 수 있어 제맛을 더 느낄 수 있다.
03 **랍스터엔다이브상추쌈**　코스요리 맨 마지막에 내놓는 상큼한 주방장 특선요리로 담음새가 마치 프랑스 요리 같다. 랍스터를 두 가지 맛으로 즐길 수 있도록 깐풍소스 곁들임과 쌈 스타일 볶음으로 내놓는다.

Chef 왕전생

홍콩 국제요리대회에서 인삼과 한국의 갈비소스를 넣어 만든 중국요리로 대상을 수상했다. 싱가폴과 중국 청도, 홍콩 등에서 연수를 받은 왕 셰프는 요리할 때 몸에 좋은 웰빙을 가장 중요하게 생각한다. 그의 모든 요리에는 일반 중식당에서 자주 사용하는 참기름을 쓰지 않는다. 참기름을 치면 음식 맛이 서로 비슷해져 개성이 없어지기 때문이다. 또한 모든 코스의 마지막에 주방장 특선메뉴를 넣어 계절의 풍미를 살려낸 요리를 내고 있다.

INFOMATION
Tel 02-789-5741
Address 서울시 영등포구 여의도동 60 63빌딩 57층
Open 오전 11시30분~오후 3시
오후 5시30분~10시
Menu 점심코스 6만~48만원
저녁코스 8만5천~48만원
Room 14개
Parking 63빌딩 주차장(4시간 주차권 지원)

33
CHINESE

상하이의 멋, 오랜 내공으로 빚은 맛의 천국
싱카이
XINGKAI

광화문 파이낸스빌딩 지하엔 이름난 맛집들이 즐비하지만 그 중에서도 싱카이는 호텔 버금가는 맛과 분위기로 명성이 자자하다. 이곳에 오면 시간을 거슬러 올라가 마치 1930년대쯤 중국 상하이의 어느 고급 레스토랑에 와 있는 듯한 기분이다. 전체적으로 마감한 붉은 실크벽지, 그와 대조적인 인디고 블루 카펫, 높은 천장은 웅장하면서도 세련된 분위기를 자아낸다. 이곳의 테이블과 의자, 전통문양의 창살문, 앤틱 가구 등 거의 모든 소품은 중국에서 공수해 온 것으로 마치 영화 속의 무대 세트처럼 완벽한 조화를 이룬다. 테이블을 엇비슷하게 비껴 놓은 세팅도 인상적이다. 테이블간의 간격이 널찍하기 때문에 홀에 앉아서도 옆테이블의 대화에 구애받지 않고 편안하다

이곳은 약간 어둡고 고급스러운 분위기로 비즈니스모임에 특히 인기가 좋다. 2인부터 32인까지 크기가 다양한 8개의 룸이 있어 조용히 대화를 나누며 식사하기에도 좋고 비즈니스모임에 걸맞는 다양한 코스요리가 있어 회식을 즐기기에도 적당하다. 전체 홀은 모두 1백여석으로 예약을 통해 렌탈이 가능해서 기업의 행사나 프리젠테이션 장소로도 사용할 수 있겠다. 이외에도 격조 있고 품격 있는 분위기로 상견례나 연인들의 데이트코스로도 각광받고 있다. 사무실이 쉬는 주말에는 맛있는 중국요리를 찾는 가족 모임이 많은 편. 싱카이가 문을 연지 어언 10여년. 워낙 독특한 인테리어 덕에 분위기를 바꾸지 않고서도 세월의 흐름이 느껴지지 않는다. 그러나 맛과 메뉴는 훨씬 더 진화되었다. 2년 전 중국요리계의 전설, 이휘량 셰프가 이곳을 총괄하게 되면서 다른 곳과는 차별되는, 이곳만의 독특하고 풍부한 맛의 비법들을 선보인다.

싱카이는 광동요리와 사천요리를 중심으로 맛이 다소 강렬하며 진한 것이 특징. 그렇다고 조미료로 맛을 낸 것은 아니다. 이집의 비법으로 만든 두 가지

육수를 사용하고 정성을 들여 재료를 제대로 충분히 볶아 제 맛을 살리기에 유난히 음식들이 입에 착착 붙는다. 맛이 강한 편이지만 먹고 난 뒤 속이 부대끼지 않고 무척 편안하다. 때문에 맛있게 먹고 뒤돌아서서 또 생각하게 되는 집이 바로 싱카이다.

비즈니스 모임이나 정관계 인사들의 모임이 자주 열리기에 샥스핀, 불도장, 자연 송이요리 등 더욱 품격 높은 코스요리들을 황제의 만찬 같은 서비스로 만날 수 있다. 이집의 인기메뉴 샥스핀찜은 오돌오돌한 식감이 좋은 소주식과 더욱 부드럽게 쪄낸 상해식으로 두 가지를 선보인다. 불도장은 진하고 깊이 우려낸 육수에 다른 집에서 보기 드문 동충하초를 넣어 인기를 얻고 있다. 자연송이처럼 제철에 가장 좋은 식재료로 심플하게 재료 본연의 맛을 살린 메뉴들도 특선으로 선보인다. 중식당에서 가장 흔하게 먹는 탕수육도 이집에선 특별해진다. 이름하여 딸기탕수육! 크랜베리를 더한 상큼한 소스와 아삭한 튀김 맛이 별미 중에 별미다. 해물누룽지탕도 그 안의 해물들이 마치 살아있는 것처럼 탱탱하고 신선하게 느껴지는 베스트메뉴. 식사로는 흰 짬뽕과 붉은 짬뽕이 있는데 그중에서 붉은 짬뽕을 특히 권한다. 게찌개처럼 달큰하고 개운한 짬뽕국물을 한 번 맛보면 절대 잊지 못하리라.

Recommended by SMS

01 02 03

01 소주식 샥스핀찜 중국의 모택동 부인 강청은 평생 샥스핀 국물을 먹어 죽을 때까지 피부가 고왔다고 한다. 여성에게 더욱 좋은 고단백 샥스핀을 소주식으로 오돌오돌하게 쪄내고 숙주나물과 마른관자를 새콤하게 볶아 곁들였다.
02 딸기탕수육 반죽을 미리 만들어 발효시킨 뒤 냉장 보관했다 튀기기 때문에 고기는 무척 부드럽고 튀김옷은 굉장히 아삭하다. 새콤한 크랜베리를 넣은 상큼 달콤한 소스와 어우러져 인기 폭발!
03 삼선해물누룽지탕 진하고 감칠맛 좋은 소스와 고소한 누룽지, 마치 살아있는 것처럼 탱탱하고 신선한 해물의 맛을 제대로 느낄 수 있다. 이집의 베스트메뉴로 단품으로도 즐길 수 있다.

Chef 이휘량

중국요리 30년 경력, 힐튼호텔 중식당에서 16년간 조리장을 지낸 베테랑. 요리의 기본은 정성이며 그다음은 같은 음식이라도 자기만의 색깔을 살리는 것이 중요하다고 생각하기에 꼭 이집에서만 먹을 수 있는 맛과 메뉴를 개발하는데 열성을 다 하고 있다.

INFOMATION

Tel 02-3783-0000
Address 서울시 중구 태평로 1-84
서울파이낸스빌딩 지하 2층
Open 낮 12시~오후 2시30분
오후 6시~10시
Menu 점심코스 5만~9만8천원
저녁코스 8만5천~16만5천원
딸기탕수육 4만8천원
삼선누룽지탕 5만7천원
Room 룸 8개
Parking 파이낸스빌딩 주차장
(2시간 무료 이용쿠폰 증정)

34
CHINESE

행복한 미각으로 웰빙의 꿈을 이루어주는 광동식 중국요리
홍연
HONG YUAN

홍연에 들어서면 전체적으로 붉은 빛깔이 가득한 황홀한 인테리어에 탄성이 절로 나온다. 예부터 중국에서 붉은 색은 복을 상징하는 빛깔. 홍연이라는 이름만큼 아름다운 인연이 성사되도록 모든 것에 배려를 아끼지 않는다. 인테리어는 만남에 집중할 수 있도록 반 이상의 좌석이 룸으로 설계되었다. 룸에서는 200여곡의 다양한 음원을 준비해 원하는 음악을 맘껏 즐기며 색다른 분위기를 낼 수 있다. 또한 개폐식 벽으로 40인까지 수용할 수 있고 프리젠테이션을 위한 설비도 갖춰져 있으니 웬만한 사업상 모임도 충분히 가질 수 있다. 홀도 테이블 간에 파티션을 두어 방해 받지 않고 모임을 갖기에 충분하다. 룸은 전담 직원이 서비스하므로 고급비지니스 모임이라면 룸을, 편안한 모임이라면 붉은 빛깔의 환상적인 홀을 더 추천한다.
홍연은 중국요리 중에서도 영양소 파괴가 적은 광동식 요리를 주로 선보인다. 광동지역은 바다가 인접해 신선한 해산물요리가 풍부한데 서양의 영향을 많이 받아 다양한 식재료와 요리법이 발달했다. 소스, 양념 등 간을 약하게 하고 기름을 적게 해서 센 불에 빠르게 볶거나 부드럽게 쪄내는 것이 특징. 그래서 식재료 자체의 신선하고 담백하며 쫄깃함이 그대로 살아난다.
이집의 요리는 조미료를 쓰지 않거나 단지 느끼함을 없애는 식의 소극적 웰빙이 아니다. 주방을 이끄는 정수주 셰프는 두부와 버섯 요리의 달인으로 진정한 건강식에 한층 접근한 중식을 선보이고 있다. 어렸을 적부터 두부를 좋아했던 그는 이제 두부에 관한한 대한민국 최고라고 할 만큼 다채롭고 특별한 중식두부요리를 만들어낸다. 다양한 두부를 직접 만들어 사용하는 것은 물론이고 특별히 콩을 발효시킨 소스도 개발해 요리의 깊은 맛을 내고 있다. 꼭 맛봐야할 홍연 특제 두부는 깨를 얹어 튀긴 다음 관자 소스를 올려내는데 지금까지의 두부요리에 대한 생각을 잊으라고 할 만큼 훌륭하다. 향인두부는 푸딩처럼 부드러운 바닐라향의 두부에 달콤한 과일을

올려내는 별미 두부 디저트다. 설탕의 단맛을 싫어하거나 건강을 생각하는 사람에게 인기다. 이외에 해선두부수프, 광동식 가지 두부 등 스무 가지가 넘는 다채로운 두부요리의 창안으로 행복한 웰빙의 꿈을 이루어준다. 귀한 능이버섯, 항암효과 좋은 중국의 브라질버섯, 송로버섯 등 여러 가지 말린 버섯으로 건강식 맑은 수프를 만들거나 요리에 두루 활용해 풍미를 더하고 있다.

중국 요리를 먹을 때 의례적으로 나오던 간장과 고추기름도 이집에는 없다. 조리에 시간을 들이며 밑간을 충분히 하기 때문에 따로 간장이 필요 없다. 일단 맛을 본 후에 그래도 원할 때만 서비스한다. 주방에서 충분히 공들여 만든 상탕을 기본으로 모든 국물요리와 소스류를 만들기 때문에 요리마다 깊고 깨끗한 맛이 남다르다. 광동요리의 빼놓을 수 없는 즐거움 딤섬은 전담 셰프가 따로 있어 관자 닭고기 만두, 부추 만두, 조주식 수정 만두, 옥수수 찐빵 등 다채롭고 새롭게 내놓고 있다.

즐거운 자리의 멋과 맛을 돋워주는 술. 홍연은 공부가주, 죽엽청주, 천진고량주, 고월용산 소흥주 등 다양한 고급 중국 술이 준비되어 있으며, 김혜령 서울 웨스틴조선호텔 수석 소믈리에가 중국 요리와 가장 잘 어울리는 세계 각국의 와인 64가지를 준비해 내놓고 있다. *Recommended by SDM*

01 02 03

01 건전복 고가의 진귀한 요리로 말린 전복을 공들여 불리고 찐 다음 맛좋은 육수에 조려서 만든다. 쫄깃한 식감과 조림소스의 감칠맛에 감동이 밀려온다. 곁들인 능이나물은 지리산 능이를 볶은 것으로 산채 특유의 향미와 풍미가 대단하다.

02 홍연 특제 두부 다양한 두부요리 중에서 가장 인기가 좋은 메뉴. 이 음식을 먹기 위해 매주 찾는 손님이 있을 정도로 물리지 않고 담백하며 고소한 맛이 좋다. 말린 관자로 만든 소스의 풍미가 부드러운 두부와 어울려 첫입부터 환상적인 맛을 느낄 수 있다.

03 버섯수프 진시황의 불로장생이 생각날 정도로 건강에 좋은 온갖 버섯과 황화를 넣어 맑게 끓여냈다. 모두 말린 재료를 불린 것으로 쫄깃한 식감이 좋고 특유의 은은한 버섯향, 슴슴한 국물맛이 잘 어우러진다.

Chef 정수주

중국에서 인정한 우리나라 열 번째 중국요리 명인. 중국요리 23년 경력의 그는 중국음식의 명문가 출신으로 조선호텔 최연소 주방장이 되었다. 고기보다 두부의 진가가 잘 알려지지 않은 것이 안타깝다며 두부와 버섯으로 만들어내는 맛있는 건강중식을 연구하기에 여념이 없다.

INFOMATION

Tel	02-317-0494
Address	서울시 중구 소공동 87
	서울웨스틴조선호텔 지하 1층
Open	낮 12시~오후 3시
	오후 6시~10시
Menu	런치코스 11만~22만원
	디너코스 13만5천~24만5천원
	홍연특제두부 5만5천~7만3천원
	광동식가지두부 5만~7만원
Room	10개
Parking	서울 웨스틴조선호텔 후문 주차장 이용

FRENCH
프렌치

가스트로통 GASTROTONG

라미띠에 L'AMITIE

라 싸브어 LA SAVEUR

랩 24 LAB XXIV

레스쁘아 뒤 이부 L'ESPOIR DU HIBOU

엔그릴 NGRILL

줄라이 JULY

테이블 34 TABLE 34

35
FRENCH

스위스요리사와 와인전문가 부부가 만든 미식의 공간
가스트로통
GASTROTONG

경복궁 옆 통의동 주택가 골목 안에 언제나 찾고픈 고향집 같은 레스토랑 가스트로통이 있다. 이곳은 30년 동안 특급호텔 총주방장으로 이름을 날리던 스위스출신 셰프 롤란도 히니와 와인전문가 김영심 부부가 힘을 합해 문을 연 유러피안 레스토랑이다. 가스트로통은 '미식으로 통한다'는 뜻. 와인과 음식으로 서로 소통하는 장을 만들고 싶은 이들 부부의 따뜻한 마음이 담겨있다.

어떻게 이런 골목 안에 레스토랑이 다 있을까? 일부러 한 골목 뒤의 조용하고 오래된 단독 주택을 찾아 레스토랑을 꾸몄다고 한다. 식당이라면 으레 대로변의 으리으리한 빌딩 안이 최고다 생각했던 터라 반전의 느낌표 하나가 찍혔다. 손님에 대한 배려를 비팅으로 한 편안함을 최우선시하는 이들 부부의 향기로운 의식은 단지 집뿐만 아니라 음식과 서비스 모든 것에 따라온다. 이집은 오래된 일본식 한옥을 보수했는데 외관은 스위스 산장 풍으로, 내부는 천장의 오래된 대들보를 그대로 둔 채 유럽인이 좋아하는 크림색으로 마감했다. 화려하진 않지만 정갈하고 무심한 듯 편안하다할까. 홀과 두 개의 룸과 함께 따로 대관을 해서 쓸 수 있는 별실이 있다. 별실은 단독 건물로 티비와 프로젝터, 소파 등을 갖추고 있어 프리젠테이션, 세미나도 가능하고 파티를 열기에도 좋다.

이집을 자주 찾고픈 가장 큰 이유는 아늑한 분위기와 함께 최고의 깊은 맛을 내는 음식 때문이다. 상업적이라기보다는 집안에 요리 잘하는 어르신이 사랑과 정성을 듬뿍 담아 내주는 다정한 맛으로 한번 맛보면 단골이 될 수밖에 없다. 대표메뉴는 오랜 시간 공들여 만드는 찜요리. 송아지 정강이찜이나 양정강이찜 등 뭉근히 쪄낸 요리들은 부드럽고 농후한 맛을 잘 살려내고 있다. 소뽈찜도 특유의 부드러우면서도 쫄깃한 식감이 무척이나 좋은 인기메뉴. 이집의 오리 콩피는 요리하는데 무려 사흘이나 걸린다.

오리 다리를 수비도 방식으로 부드럽게 조리한 뒤 살만 발라 무거운 것으로 하루를 눌러 다시 모양을 잡는다. 이렇게 요리한 오리 콩피는 먹기도 편한데다 겉은 바삭하고 속은 말할 수 없이 부드럽고 촉촉하다. 기한 우설 샌드위치도 잊을 수 없을 정도로 특별하게 맛있다.

이밖에 스테이크, 수프, 샐러드, 전채 요리, 디저트 등 뭐하나 빠지는 것 없이 모두 입에 착착 붙는 감동의 맛으로 식사시간 내내 만족을 느낄 수 있다. 단골이 많다보니 주방에서 손이 많이 가고 숙달되기 어려운 음식임에도 불구하고 자주 메뉴를 바꿔준다. 40년 요리경력 베테랑의 노하우가 있기에 가능한 일이다. 그는 신선한 재료들이 어울려내는 조화로운 맛을 즐긴다. 때문에 매일 그날 쓸 분량만큼의 식자재만을 들여와 저녁이면 냉장고가 텅텅 빌 정도. 평소 농장이나 시장을 즐겨 다니며 계절에 맞는 스페셜 메뉴를 짜기도 하고 새로운 레시피 개발에도 열심이다. 그때마다 그의 곁엔 늘 우리 입맛에 잘 맞도록 끊임없이 조언해주는 한국인 아내가 있다. 김영심씨는 와인전문가로 세계적인 입맛을 갖춘 미식가. 그녀는 남편이 만든 음식의 격에 꼭 맞는 좋은 와인을 특별히 엄선하여 더욱 풍성한 맛의 세계로 안내한다. 가격대비 훌륭한 와인들이어서 부담도 적다. *Recommended by SMS*

01 02 03

01 부드러운 속살의 오리콩피 이집의 시그니처메뉴로 전통적인 프랑스요리. 뼈를 제거하고 수비도 방식을 추가해 슬로푸드로 만들었기에 먹기에 편하고 부드러운 맛도 일품. 단골 중에 이 오리콩피 매니아들이 꽤 있다.
02 샤프란리조또를 결들인 송아지정강이찜 정강이는 뼈에 붙은 살로 맛이 좋지만 자칫 질길 수 있는데 수비도(저온조리법)방식으로 조리해 부드러운 육질이 남다르다. 섬세하고 우아한 샤프란 향의 리조또와 결들여 한끼 식사로 충분!
03 검정콩해산물수프 생선을 푹 끓여 만든 진한 육수에 조개류를 넣고 검정콩을 갈아서 넣어 구수하고 깊은 감칠맛을 제대로 냈다. 다른데서 맛보기 힘든 건강 수프다.

Chef 롤란도 히니

에드워드 권의 스승으로도 유명한 그는 스위스에서 호텔을 하는 어머니의 영향으로 열여섯부터 요리공부를 시작, 세계 최고급호텔 셰프로 명성을 날리고 1980년 한국의 조선호텔로 왔다. 이후 국내의 내로라하는 특급호텔 주방을 책임졌던 그는 한국인의 입맛을 누구보다 잘 아는 외국인 셰프로 통한다.

INFOMATION

Tel	02-730-4162
Address	서울시 종로구 통의동 25-2
Open	낮 12시~오후 3시
	오후 6시~10시
Menu	점심코스 2만~5만원대
	저녁코스 7만~8만원대
	단품메뉴 4만~6만원대
Room	2개, 별관 1개
Parking	끄레아 유료주차장
	주차비 지원(점심 1시간30분, 저녁 2시간)

기본을 지키며 진심을 담아낸 단아한 프렌치 요리
라미띠에
L'AMITIE

날마다 손님들에게 맛있는 음식을 만들어주느라 수고한 나를 위해 가끔은 특별한 위로의 선물을 한다. 존경하는 장명식 셰프의 라미띠에로 가서 그가 만든 최고의 프랑스요리를 맛보는 것이다.
만만찮은 음식 값에도 불구하고 일 년에 한번이라도 이집을 꼭 찾고 싶은 데는 특별한 이유가 있다. 라미띠에는 단 두 개의 테이블만 있는 부띠크 스타일의 레스토랑이다. 음식을 만드는 셰프가 직접 손님을 마중하고 섬세하게 시중을 들기 때문에 그 어느 곳보다 셰프와 손님이 밀접한 교감을 나눌 수 있다. 이곳에서 식사를 할 때면 함께 한 지인들도 대만족! 분위기, 서비스, 음식 맛 모두 최고의 선물처럼 훌륭하다.
입구에 들어서면 에르메스, 레녹스 등 장 셰프가 음식을 담아내기 위해 틈틈이 모은 명품 식기들이 눈길을 끈다. 프랑스 와인들도 즐비한데 해박한 지식으로 음식과 걸맞는 와인을 권해준다. 코르키지 서비스는 하고 있지만 굳이 와인을 가지고 갈 필요가 없을 정도로 가격이 실속 있다. 두 개의 단독 룸에 각각 6인용과 4인용 테이블이 한 개씩 있는데 인테리어는 군더더기 없으면서도 우아하다. 조용하고 아늑한 분위기는 고급 비즈니스에도 좋지만 연인들의 프로포즈 장소로도 근사할 듯.
장 셰프의 요리는 열 가지 이상 되는 긴 코스로 구성되는데 하나같이 맛있다. 터치감이 매우 부드러우면서도 담백해서 긴 코스의 프랑스요리를 다 먹고도 느끼하지 않고 속이 편안하다. 특히 배나 사과, 밤 등 우리나라의 과일과 열매들을 이용해 재료의 궁합을 맞추는 솜씨가 대단하다. 사용하는 소스류, 빵, 디저트까지 장 셰프의 손을 거치지 않은 것이 없을 정도로 만들 수 있는 모든 것은 직접 만들어 내놓고 있다.
그의 가니시들은 장식적 요소를 배제하고 그 음식과 꼭 맞아떨어지는 것들로만 구성해 담음새가 요란하지 않고 단아하다. 한 접시에 있는 모든

재료들이 딱 맞게 어울린다. 예컨대 디저트 위에 흔히 장식하는 민트 같은 허브 한 잎도 그것이 디저트 본연의 맛과 찰떡궁합이 아니라면 생략한다.
메뉴는 점심코스, 저녁코스 두 가지로 두 달 정도에 한 번씩 바뀐다. 그러나 두 달 안에 재방문하는 손님에게는 다르게 메뉴구성을 해서 중복되지 않도록 조절해준다. 손님에게 일일이 맞춤 서비스를 제대로 할 수 있는 것도 부띠끄 스타일이기에 가능한 일이다.
가장 인기가 있는 메뉴는 푸아그라다. 푸아그라를 먹기 위해 이집을 다시 찾는 손님이 많을 정도로 특별하다. 단지 소금, 후추간만 했을 뿐인데 그의 푸아그라가 유명한 이유는 뛰어난 팬프라잉 솜씨 때문. 적절한 화력으로 단시간에 겉면을 바삭하게 익힌 뒤 부드러운 지방을 살짝 가둘 정도로 오븐에서 잠시 더 구워내는데, 그 어느 곳보다 살살 녹는 맛이 가히 환상적이다.
찾는 손님들이 대체로 연세가 좀 있기 때문에 특히 당에 대한 거부감이 많은 편이다. 그래서 디저트를 가급적 달지 않게 천연의 과일재료로 만들어내고 가짓수도 대폭 줄였다.
처음 찾는 분이라면 찾기가 다소 어려우므로 예약할 때 미리 어느 건물을 끼고 들어가는 지 확인하는 것이 좋겠다. *Recommended by SDM*

01 02 03

01 피에몬테즈샐러드 코스의 앞쪽 애피타이저로 제공되는 샐러드인데, 색감과 식감이 좋은 신선한 채소들을 각지게 잘라 직접 만든 마요네즈소스에 버무렸다. 사각사각 씹히는 감촉과 가벼운 소스 맛이 일품.
02 밤퓨레와 구운 사과를 곁들인 푸아그라 이 집에서 가장 인기 있는 메뉴로 전채와 메인 사이의 가교 역할을 한다. 포트와인소스를 뿌려 달콤하고 농후하고 깊이가 있으면서도 스르르 녹는 맛이 환상적이다.
03 마스카포네 무스와 파인애플젤리, 레몬젤리를 곁들인 라즈베리아이스크림 그다지 달지 않게 직접 만든 아이스크림과 젤리로 상큼하고 가벼운 맛이 좋다. 지나친 장식 없이 과일의 화사한 색감만으로도 볼품이 난다.

Chef 장명식

조선호텔에서 12년간 경력을 쌓고 7년 전 이 레스토랑을 인수 받았다. 실속 있는 스테이크 전문점 장스테이크하우스도 함께 운영하는 그는 깐깐하고 성실하게 프렌치요리의 기본을 지키며 자신만의 색깔을 내고 있다.

INFOMATION

Tel	02-546-9621
Address	서울시 강남구 신사동 656-15
Open	낮 12시~오후 3시
	(점심은 예약이 있을 때만 오픈)
	오후 6시~10시30분, 일요일 휴무
Menu	런치코스 11만원
	디너코스 16만5천원
Room	2개
Parking	발렛서비스

37
FRENCH

서래마을 대표 레스토랑, 강직하고 진심이 담긴 고수의 손맛
라 싸브어
LA SAVEUR

수많은 레스토랑들이 들고나는 서래마을에서 10년 동안 우직하게 한 자리를 지켜온 라 싸브어. 한국에 프렌치를 본격적으로 연 1세대 오너 셰프 진경수의 세미클래식 레스토랑이다.

라 싸브어는 불어로 '미각'이라는 뜻. 이름처럼 제대로 된 프랑스 음식으로 미각을 사로잡는 매력적인 레스토랑이다.

이곳은 프렌치레스토랑 치고 꽤 소박하고 정겨운 분위기가 있다. 계단을 내려가 어둑한 실내로 들어서면 요즘의 트렌디하고 화려한 인테리어와는 다른 클래식하고 심플한 분위기다. 아담하고 따뜻한 느낌이랄까, 긴장감을 풀어주는 편안한 인테리어는 음식 맛에 보다 집중해주길 바라는 진 셰프의 의도이기도 하다. 로맨틱한 커플도 가끔 보이긴 하지만 주로 비즈니스 모임이 압도적으로 많은 편이고 지인들과 와인 한 잔 하면서 편안하게 여유를 즐기려는 남자손님들이 대부분.

이집의 음식은 정통과 모던의 중간인 세미클래식을 추구한다. 지금 파리에서 먹고 즐기는 대표적인 흐름을 그대로 느낄 수 있다. 소탈한 레스토랑의 분위기처럼 음식도 프랑스요리라지만 꾸밈새 없이 매우 심플하다. 하나의 메인에 집중하고 꼭 필요한 소스와 가니쉬로 채워진 완벽한 디쉬라 하겠다. 그래서 그의 요리를 맛볼 때면 한 접시에 있는 것을 골고루 조금씩 덜어 한입에 넣고 음미해야 최상의 맛을 즐길 수 있다. 이런 게 바로 고수의 맛 아닐까 싶다. 그는 진한 소스보다는 대부분 소금과 허브로 양념해 재료 본연의 맛을 담백하게 풀어낸다. 프렌치이면서도 크림을 많이 쓰지 않는 편. 한국인이 좋아하는 매운 맛 대신 발효 식초의 새콤한 맛으로 밋밋함을 보완한다.

메뉴는 그동안 인기를 끌었던 단품 메뉴들과 매월 바뀌는 코스메뉴, 그리고 매일 달라지는 셰프의 테이스팅 메뉴 등으로 구성되어있는데 실상 대부분의

단골손님들은 메뉴판을 아예 보지도 않는다. 진 셰프에 맡겨두고 그가 그날 선택한 최고의 재료로 주하롭게 만든 코스요리를 즐긴다.
코스메뉴는 매달 바뀌는데 한 달 안에 두 번째로 같은 손님이 왔을 때는 꼭 메뉴구성을 바꿔서 물리지 않도록 해주고 손님이 원하는 것을 미리 예약하면 가능한 한 준비해준다. 맞춤 서비스가 가능하기 때문에 예약할 때 디테일하게 요구할 수 있는 것은 다 요구하기를 권한다. 마음에 꼭 드는 음식을 먹고 싶다면 커뮤니케이션이 중요하다.
점심에는 스테이크 세트메뉴 한 종류와 엔초비, 꽃게, 한우 등 3가지의 파스타를 특별히 맛볼 수 있다. 파스타는 이탈리아요리지만 워낙 오래전 오픈하면서 다루었던 메뉴이기 때문에 점심에만 특별히 제공한다.
이집에서 꼭 맛봐야할 베스트 메뉴로는 비네거소스의 양갈비 스테이크가 있다. 더블비네거를 쓰기 때문에 소스 맛이 아주 진한데 잡냄새 없는 프레시한 양갈비를 소스에 살짝 찍어 매콤한 크레송을 곁들여 먹으면 환상의 궁합을 느낄 수 있다. 샤프란소스를 곁들인 최상급 한우 안심 스테이크도 빼놓을 수 없다. 적당한 두께 감으로 고기 안에 공기가 들어간 듯 폭신하고 부드럽게 씹히는 육질이 일품이다. 전복내장의 풍미가 진하게 배어있는 부드러운 식감의 전복리조또 또한 인기다. *Recommended by SDM*

01 02 03

01 밤, 적채, 항정살로 만든 따뜻한 샐러드 파리 쪽의 스산한 가을 날씨에 자주 먹는 샐러드로 살짝 온기가 있다. 넛 트류와 적채의 식감이 느껴지며 약간 새콤한 소스로 버무려 입맛을 돋운다.
02 로즈마리향의 올리브오일에 구운 농어 살짝 스치는 로즈마리 향과 소금, 후추 맛이 잘 어우러진 깔끔하고 담백하면서도 고소한 자연산 농어요리. 바삭한 껍질과 부드러운 속살을 한입 베어 물면 심플하면서도 주인공을 그대로 살려내는 진 셰프만의 솜씨를 느낄 수 있다.
03 렌틸콩소스와 크로와상을 곁들인 부르고뉴스타일의 달팽이 요리 표고버섯과 렌틸콩을 갈아 만든 진하고 풍미 넘치는 소스가 압권. 리치한 버터 맛의 크로와상과 진한 소스, 쫄깃한 달팽이를 함께 먹어야 더욱 맛있다.

Chef 진경수

르꼬르동블루의 수석 졸업이라는 타이틀로 유명해졌다. 파리에서 공부할 당시 그저 묵묵히 음식을 만들고 맛보고 분석하기를 즐겨했는데 지금도 마찬가지. 이미 식재료의 기본 성질이나 효능은 다 알고 있지만 같은 재료더라도 다른 나라의 조리법, 먹는 방식 등에 대해 꾸준히 연구하고 분석하길 즐긴다. 그러면서 끊임없이 새로운 요리에 대한 아이디어를 얻는다.

INFOMATION

Tel	02-591-6713
Address	서울시 서초구 반포4동 76-1 대경빌딩 지하 1층
Open	낮 12시~오후 2시30분 오후 6시~11시
Menu	점심코스 3만원, 6만원 (주말은 5만원) 저녁코스 5만5천~11만원
Room	1개
Parking	발렛서비스

38
FRENCH

합리적인 가격으로 즐기는 미식의 향연
랩 24
LAB XXIV

수많은 고급 레스토랑들로 넘쳐나는 청담동 거리. 그곳에 유독 갈 때마다 기쁨을 주는 곳을 꼽으라면 에드워드 권의 랩 24가 제일 먼저 떠오른다. 랩 24는 '24시간 요리에 대해 연구하다'라는 의미가 담겨 있는 프렌치 비스트로. 그만큼 에드워드 권 사단 셰프들의 요리에 대한 열정이 똘똘 뭉쳐 있는 곳으로 매일같이 미식의 향연이 열린다. 게다가 거품을 쏙 뺀 합리적인 가격으로 만날 수 있으니 만족의 미소가 절로 지어질 밖에.
레스토랑 내부는 그닥 크지 않은 아담한 규모로 마치 앙리 마티스의 한 작품 속에 들어와 있는 듯하다. 블랙과 화이트, 레드로 이루어진 인테리어는 심플하면서도 곳곳에 조형적인 요소를 가미해 경쾌한 분위기를 자아낸다. 총 좌석 수는 26석에 불과하지만 테이블간의 간격이 넉넉해 소규모 모임을 갖기에 좋고, 별도의 룸이 있어 프라이빗한 시간도 가질 수 있다.
인테리어만큼 테이블 세팅도 멋들어진다. 테이블 위의 보석 밖힌 웰컴디쉬의 뒷면을 보라. 당당히 우리 한국도자기제품이다. 다른 레스토랑처럼 해외명품식기를 사용할 수도 있지만 그렇게는 합리적인 가격을 맞출 수 없기에 멋진 감각의 국내 식기로 골랐다. 이것은 에드워드 권의 고급요리 대중화라는 철학과도 통한다. 감각은 잘 살리되 음식의 가치와 서비스로 평가 받고 싶으리라.
이곳엔 에드워드 권을 제외한 셰프만 무려 10여명이다. 한 명의 셰프가 테이블 하나를 담당할 정도이니 당연히 최고의 서비스가 가능하다. 서버는 6명이며 와인전문 소믈리에가 있어 음식과 완벽한 마리아주를 이루는 와인까지 기대할 수 있다. 손님에게 음식을 내기 전에는 각 요리에 대한 간략한 설명을 한글과 영문으로 적은 메뉴 카드를 건넨다. 이번 차례에 무엇을 먹게 될지 미리 알 수 있는 색다른 경험으로 곧 나올 요리에 대한 기대감도 커진다. 식사 뒤에 가지고 갈 수도 있어 그날 먹은 음식에 대한 정보를 간직할 수 있겠다.

섬세한 서비스는 여기서 그치지 않는다. 여성고객에 대한 세심한 배려도 기대 이상 수준으로 여자 화장실에는 별도의 파우더룸을 만들어 명품 향수, 핸드로션, 위생용품까지 비치할 정도. 한 마디로 이곳에서는 최고급의 가치 있는 다이닝, 정성어린 배려와 참된 서비스를 모두 경험할 수 있다.
이곳을 방문할 때 가장 큰 기쁨은 3개월마다 바뀌는 메뉴일 것이다. 런치, 디너, 에드워드 권 테이스티, 에드워드 권 고멧 등 모든 메뉴가 코스이기에 계절마다 메뉴를 변경하기란 각고의 노력이 없이는 불가능한 일이다. 매번 제철의 재료를 활용해 손님에게 가장 싱그러운 음식을 내고 있는데 만약 3개월 전에 맛봤던 메뉴가 그리워 다시 찾더라도 새로운 메뉴의 조합에 관심을 가져보길 권한다.
랩 24에서는 식전빵을 매일 아침 파티시에가 직접 구워낸다. 자체 로고가 새겨진 세가지 빵들을 따끈하게 제공하는데 맛도 맛이지만 양 또한 푸짐해서 흐뭇해진다. 빵에 곁들이는 올리브오일과 딥소스, 고소한 버터맛 또한 예사롭지 않다. 이곳의 음식엔 밀가루를 버터에 볶아 농도를 조절해주는 루를 쓰지 않는다. 루 대신 우유를 졸여서 수프를 만들고 육수를 졸여서 소스를

01 02
03 04

01 애피타이저 새콤 고소한 새우와 바삭한 김, 짭쪼름한 캐비어 등으로 바다 맛을 한껏 살렸다.

02 밤수프 콩의 식감과 달달한 거품 맛, 영양만점 밤의 풍미가 감동으로 밀려온다. 루를 쓰지않고 오로지 우유를 졸여 농도를 냈기 때문에 더욱 부드럽고 가볍게 즐길 수 있다.

03 관자 시금치 퓨레를 깔고 그 위에 베이컨 크러스트를 입힌 것, 크림소스를 뿌린 것, 팬프라이한 것 등 세가지 관자 요리를 담아낸다. 베이컨 크러스트는 짭쪼름하면서 바삭하게 씹히는 맛이 좋고 크림소스관자는 생크림과 치즈로 만든 소스를 올린 것으로 치즈 특유의 풍미와 고소한 맛이 특징.

04 한우안심스테이크 한우로 만든 메인요리로 고기 아래 깔린 리조또와의 조화가 압권이다. 한우를 수비도 방식으로 조리해 무척 부드러우며 루를 쓰지 않은 소스 또한 가볍고 부드럽다.

만든다. 그래서 모든 수프나 소스의 농도가 묽지만 가벼우면서도 고소하고 깊은 맛이 환상적이다. 쇠고기는 모두 최상급 한우를 사용하며 모든 고기는 수비도방식(저온 조리법)으로 조리하기 때문에 시간은 많이 걸리지만 입에서 살살 녹을 만큼 부드럽다. 한 그릇의 요리 안에 신맛, 단맛, 짠맛, 쌉싸름한 맛이 모두 들어있으며 특히 질감을 제대로 살려내어 만들기 때문에 나오는 요리마다 심심치 않고 완벽한 조화를 이룬다. 과연 에드워드 권이구나 하는 기대치를 충족시키기에 충분하다. 맛뿐만 아니라 셰프가 주방에서 나와 직접 손님의 테이블에서 한 폭의 그림을 그리듯 디저트를 완성해주는 특별한 경험도 제공한다. 특히 영하 196도까지 내려가는 액화 질소를 이용한 아이스크림 디저트는 잊지 못할 추억이 되리라. *Recommended by SMS*

Chef 에드워드 권

VIP들이 즐겨 찾는 세계 최고의 호텔 두바이 버즈 알 아랍의 수석총괄 주방장을 그만두고 2009년 한국으로 돌아왔다. 세계를 누비며 쌓아온 고급 요리를 보다 많은 대중들이 합리적인 가격에 경험할 수 있도록 쉴새없이 고민하고 연구하는데 열성이다.

INFOMATION

Tel	02-511-4523
Address	서울시 강남구 청담동 100-14
Open	오전 11시30분~오후 3시30분
	오후 6시~11시
Menu	런치코스 4만~8만원대
	디너코스 9만~27만원대
Room	1개
Parking	발렛서비스

정성으로 이끌어낸 맛, 기본에 충실한 정통 프렌치식당
레스쁘아 뒤 이부
L'ESPOIR DU HIBOU

레스쁘아 뒤 이부는 기본에 충실한 제대로 된 프렌치 음식을 만드는 우리나라에 몇 안되는 식당 중에 하나다. 어느 날 파리에서의 추억이 그리워지거나 미치도록 프랑스로 떠나고 싶다면 이곳을 찾아보라. 빨간 차양이 드리워진 테라스에서 프랑스 정통 냄새가 물씬 나는 그의 정성어린 요리를 먹고, '미드나잇 인 파리'처럼 프랑스를 배경으로 한 영화라도 한 편 본다면 그날은 종일 파리의 감성에 빠질 것이다.

레스쁘아 뒤 이부는 2008년 삼성동에서 자그맣게 시작했지만 얼마 전 청담동 본뽀스토가 있는 건물 안쪽으로 공간을 넓혀 조용히 자리 잡았다. 인테리어는 올드한 느낌을 그대로 유지해 편안한 느낌을 주고 한쪽 벽은 거울과 요리책으로 장식했다. 아름답고 사랑스러운 분위기로 마치 유럽의 어느 레스토랑에 온 착각마저 든다.

그의 음식도 정통 프랑스 요리에 충실해 어떨 때는 프랑스에서 먹던 것보다 더 프랑스답게 느껴진다. 이집의 시그니쳐메뉴 어니언수프 한 가지만 보더라도 그의 요리에 대한 대단한 정성을 엿볼 수 있다. 파리의 어디에 가도 이처럼 어니언을 충분히 오래 볶아 깊은 풍미를 낸 곳이 있을까 싶을 정도다. 임셰프는 셰리와인처럼 보통의 식당에서 단가 때문에 쓰기 어려운 재료들도 고집스레 사용한다. 이집의 어니언수프가 정성을 들여 낸 맛도 있지만 셰리와인처럼 귀한 재료를 아끼지 않는 그의 고집이 녹아있어 최고의 맛을 내는 것이다.

임 셰프는 외국의 어느 유명식당이 100년된 메뉴를 자랑하는 것처럼 이집만의 자부심 있는 메뉴를 만들고 싶어 한다. 때문에 메뉴를 자주 바꾸지는 않지만 프랑스를 여행하면서 맛을 보고 자신만의 색채를 가미해 새로운 메뉴를 만들어내기도 한다. 요즘은 프랑스 요리의 대세로 각광받는 프로방스 현지식을 선보이고 있다. 프로방스 요리는 육류보다 채소와

해산물을 주재료로 올리브오일과 마늘 등을 이용해 담백하게 재료본연의 맛을 살리는 것이 특징. 다른 집에서 맛보기 힘든 생선스튜 부리드나 부야베스 등 우리나라에서는 낯설지만 프로방스에서는 인기메뉴인 맛있는 음식들을 맛볼 수 있다. 모두 정성을 들여야 제 맛이 나는데 특히 스프나 스튜에 들어가는 소스를 뽑기 위해 몇날 며칠을 기꺼이 소비하며 진한 풍미를 이끌어낸다. 나와 동갑나기 친구지만 기본에 충실한 요리를 위해 고집스럽게 정성을 다하는 임셰프를 볼 때면 엄지손가락을 세워 그의 대단한 열정을 칭찬해주고 싶다. 레스쁘아 뒤 이부를 찾는 손님들은 다양한 연령대로 프렌치요리를 즐기는 손님들이 대부분, 그리 넓지 않은 규모로 인기가 많아 평일에는 3일전쯤, 주말엔 일주일 전에 예약을 하는 것이 좋다. 처음 찾는 이라면 코스요리를 먹어보고 그다음에 각자 좋아하는 단품요리를 골라 주문해도 좋다. 이집의 추천메뉴로는 버터크로와상에 채운 오레가노향의 브레이즈한 달팽이살과 허브를 곁들인 크렘쥬. 오리콩피도 프랑스 정통메뉴로 시도해볼만하다. 이외에 로스트한 오리가슴살요리나 부야베스도 인기 메뉴다. 주방을 넓혀 이사 오면서 빵도 직접 굽고 디저트도 보완되었다. 디저트로는 달콤한 크렘뷜레나 향긋한 바바오럼을 추천한다. *Recommended by SDM*

01　02　03

01 바게뜨와 그뤼에르, 에멘탈 치즈로 그라땅한 셰리와인과 브랜디 향의 양파수프　레스쁘아 뒤 이부의 시그니처메뉴. 양파의 달달함과 치즈의 고소함, 와인으로 돋은 풍미가 일품. 먹을수록 자꾸만 더 먹고 싶어지는 중독성이 강하다.
02 홈메이드로 염장한 연어, 홀스래디쉬젤리, 케이퍼와 코니숑을 곁들인 그라브락스 룰라드　염장한 연어에 홀스래디시와 치즈, 케이퍼, 허브를 넣어 돌돌 말아준 요리. 쫀득한 연어와 부드럽고 상큼한 속 재료들이 어울려 입맛을 돋우며 와인안주로도 그만.
03 바삭하게 익힌 아귀살과 오징어, 프로방스 전통 스튜 부리드　밀가루를 뿌려 바삭하게 구운 아귀의 겉과 탱글탱글한 속살이 별미. 아귀 뼈를 푹 고아낸 국물 맛이 진미다.

Chef 임기학

일본에 한국식 고기구이를 처음으로 소개한 조부처럼 한국에 제대로 된 프랑스 요리를 소개하는 마음으로 식당을 열었다. 미국의 유명 요리학교를 졸업하고 뉴욕 프렌치 레스토랑의 선구자 다니엘 불뤼(Daniel Boulud)의 디비비스트로 모던(DB Bistro Moderne)에서 경력을 쌓은 실력파. 기본에 충실한 요리들로 미식가들 사이에서 열광적인 지지를 받고 있다.

INFOMATION

Tel	02-517-6034
Address	서울시 강남구 청담동 90-20
Open	낮 12시~오후 3시 오후 6~10시
Menu	점심코스 4만4천원 디너코스 7만5천~10만원
Room	없음
Parking	발렛서비스

FRENCH

낭만 가득! 환상의 전망 속에 즐기는 프렌치 파인 다이닝
엔그릴
NGRILL

서울 어느 곳에서나 잘 보일 정도로 높은 N서울타워. 그 전망대 위에 상상할 수 없을 정도로 매력적인 레스토랑 엔그릴이 있다. 엔그릴은 원형의 회전식 레스토랑으로 천천히 돌아가기 때문에 앉은 자리에서 서울의 아름다운 전경을 감상할 수 있다. 한 바퀴 도는 데 걸리는 시간은 약 1시간 40분. 식사를 마치는 시간과 얼추 비슷하게 맞아떨어져 계속 변하는 전망을 즐길 수 있다. 낮에는 탁 트인 서울의 경치를 조망할 수 있고 밤이 되면 수많은 불빛들로 반짝이는 서울의 초특급 야경이 한눈에 펼쳐진다.
좌석은 일반 테이블석과 소파석이 있는데, 창 쪽을 바라보게 설계된 커플 소파석에 나란히 있으면 로맨틱한 분위기가 절로 난다. 때문에 주말이면 프로포즈의 명소로 연인들이 즐겨 찾는다. 연인들뿐만 아니라 멋진 전망을 감상하며 고급스러운 분위기에서 식사할 수 있기에 누구든 이곳에서 잊지 못할 추억을 만들 수 있으리라. 또한 귀한 외국손님을 모시고 가기에 이만한 곳도 드물지 않을까 싶다.
N서울타워 전망대는 차를 가지고 갈 수 없다. 때문에 좀 번거롭게 느껴질지 모르겠으나 국립극장 쪽에서 남산순환버스를 이용하거나 남산의 경관을 즐기면서 천천히 산책 삼아 걸어 올라가면 이 또한 색다른 재미가 아닐까. 또는 남산 케이블카를 타면 잠깐 걸어서 바로 도착할 수 있다.
아무래도 관광지에 있다 보니 음식이 그저 그럴 것이라 오해를 할 수도 있지만, 영국인 스타 셰프 던컨로버트슨이 주방을 총괄하며 분위기만큼 멋진 프렌치 요리를 내놓고 있다. 그는 프랑스의 유명 레스토랑에서 기량을 쌓던 중 한국인 파티쉐 부인을 만나 함께 파리의 '렁비' 레스토랑에 총괄 셰프로 근무하며 미슐랭 스타를 받았다. 지금은 아내의 나라 이곳에 와서 주요리를 담당하고 아내는 디저트 쪽을 맡고 있다.
던컨 셰프는 자신만의 빛깔로 창의성을 듬뿍 버무린 프렌치요리를 선보인다.

특히 우리 땅에서 흔하게 나는 시금치나 풋고추 등 풍부한 식사재를 널리 이용한다. 프렌치요리지만 우리 식재료가 당당히 곁들여져 있으니 훨씬 친숙하게 느껴진다. 우리가 흔히 반찬으로 즐기는 생선이나 채소로 근사한 전채요리를 만들기도 한다. 예를 들어 비릿한 고등어의 냄새를 감쪽같이 없앤 상큼한 에피타이저 '고등어타르타르'를 맛보면 그 독창성과 새로움에 반하게 된다.

이집의 코스는 메인 선택의 폭이 상당히 넓다. 전채요리와 수프, 디저트 등은 같고 바닷가재와 안심, 와규채끝, 한우안심 등 선택한 메인에 따라 가격이 달라진다. 메인은 거의 스테이크 종류로 엔그릴 스테이크는 그대로도 훌륭하지만 던컨 굽기 방식의 스테이크가 따로 있다. 이곳 던컨 셰프만의 노하우가 담긴 굽기 방식으로 40분 동안 고기를 구워내는데 부드러운 육질과 풍부한 육즙이 환상적이다. 굽는 시간이 길기 때문에 예약할 때 미리 말해주어야 이용이 가능하다.

환상의 분위기에 와인이 빠질 수 없겠다. 이곳은 고급스러운 분위기만큼이나 와인을 제대로 갖추고 서빙해주는 만족도도 수준급. 한국 소믈리에 대회에서 수상하고 프랑스 국가 공인 자격증을 가진 최정애 소믈리에가 이집 메뉴에 꼭 맞는 와인서비스를 담당하고 있다. *Recommended by SMS*

01 02 03

01 오징어 먹물 파스타 파스타면이 아닌 오징어 자체를 이용한 차가운 파스타. 상큼한 맛으로 식전에 입맛을 돋운다. 하얀 오징어와 먹물을 입힌 오징어, 2가지 톤의 재료를 동일한 굵기로 슬라이스하여 감각적으로 담아낸 센스가 돋보인다.

02 스페인스타일의 그릴 문어 샤프란 감자 샐러드 위에 그릴에 구운 문어와 초리조햄을 올렸다. 짭쪼름한 맛과 샤프란의 이국적인 향이 어우러진 전채요리로 문어의 식감이 무척이나 부드럽다. 전채 요리로 화이트와인과 함께 즐기기에 안성맞춤.

03 한우 안심스테이크 두툼한 고기를 제대로 숙성시키고 숙련된 그릴러가 마침맞게 구워내 육즙이 풍부하고 두툼한데도 식감이 아주 부드럽다. 가니쉬는 시금치와 꽈리고추. 우리 채소가 어우러진 스테이크의 맛이 별미다.

Chef 던컨로버트슨

프랑스에서 미슐랭 원스타 레스토랑을 운영하다가 한국인 아내와 함께 이곳으로 왔다. 그의 주특기는 그릴요리. 불을 사용해 먹음직스럽게 요리하는 솜씨가 뛰어나기에 이집 스테이크들이 환상의 맛을 내고 있다. 거기에 고추나 마늘 등 우리식 양념 즐겨 쓰고 반찬으로 상에 자주 올리는 생선이나 채소를 이용한 근사한 프렌치 요리를 선보인다.

INFOMATION

Tel	02-3455-9297
Address	서울시 용산구 용산동 2가 1-3 N서울타워 5층
Open	낮 12시~오후 4시 오후 5시~11시
Menu	런치코스 4만5천~8만8천원 디너코스 8만5천~12만5천원 커플메뉴 22만5천~41만원 (2인용, 예약시 가능)
Room	없음
Parking	없음, 국립극장 주차장 주차 후 순환 버스 이용

41
FRENCH

셰프의 감각으로 우리의 맛을 담아낸 프랑스요리

줄라이

JULY

지금은 카페거리로 꽤 유명해진 서래마을. 그 중심에서 조금 비껴난 외진 곳에 그 누구보다 천재적이라고 감탄하게 되는 오세득 셰프의 프렌치레스토랑 줄라이가 있다. 5년 전 오픈 당시 누가 이런 외진 곳에 올까 걱정도 했지만 그것은 기우였다. 부담이 덜한 임대료 덕분에 실속 있게 맛있는 음식을 즐길 수 있기에 이젠 예약 필수가 될 정도로 인기 레스토랑이 되었다.

줄라이의 내부는 자연과 진심이라는 그의 요리철학이 그대로 드러난다. 위압감을 줄 수 있는 화려한 데코레이션은 일부러 배제했다. 맛있는 요리를 즐기기에 그저 좋은 만만하고 편안한 공간이랄까. 전체적으로 심플한 가운데 낮춤세삭한 한지느낌의 조명이 매우 독특하고 운치가 있다. 벽에 걸린 그림은 저명한 서양화가 성병태씨가 직접 선물한 것으로 단순한 실내에 포인트를 주고 있다.

이집의 음식은 정통 프렌치라기보다는 그의 개성이 강하게 숨 쉬는 오세득표 요리라는 표현이 더 맞겠다. 그렇다고 모던 퀴진을 표방하는 것은 아니다. 클래식하지만 오 셰프만의 색깔로 재해석했다고 할까. 미나리와 들깨소스를 곁들인 오리구이, 새우젓 거품을 곁들인 돼지고기찜처럼 주로 우리나라 산천에 흔하게 나는 신선한 식재료들을 프랑스식 조리법으로 디쉬에 담아낸다. 재료들의 조합이 범상치 않은데 실상 그 아이디어는 우리 음식에서 찾고 있다. 예를 들어 제주도에서 맛있게 먹은 성게알비빔밥과 미역국에서 아이디어를 따와 불린 미역을 넣은 성게알리조또를 만들어 내놓는 식이다. 그런 메뉴들은 분명 프렌치지만 우리 입맛의 추억을 불러낼 만큼 친밀감을 느끼게 되리라.

이집엔 따로 정해진 메뉴표가 없다. 줄라이엔 특정 음식을 먹으러 가는 것이 아니라 오 셰프의 요리를 즐기러 간다고 생각하라. 점심, 저녁 각각 두어 가지 가격대만 정해놓고 그날 좋은 식재료나 떠오르는 영감에 따라 다양한

요리들을 코스로 내놓고 있다. 평일엔 주로 비즈니스 모임을 하는 회사원들이 많기 때문에 식사 시간이 1시간30분을 넘지 않도록 요리 코스를 소설했다. 가족 모임이 많은 일요일엔 더 많은 사람이 이용할 수 있도록 가격을 평일보다 저렴하게 낮췄다. 모두 손님을 위한 진심의 배려가 아닐 수 없다.

오셰프의 요리 중에 특히 인상적인 것은 생선요리다. 일단 취급하는 어종 자체가 다른 집과 다르다. 도다리, 도치, 민어, 숭어 등 거의 매일 노량진 수산시장에 가서 제일 크고 좋은 자연산 생선만 골라온다. 잔손이 좀 많이 가긴 하지만 뽈락, 물메기 등 국내에서 자연산으로 잡히는 별별 생선을 다 쓴다. 그것으로 프랑스식 찌개 부야베스도 개운하게 끓여내고 고소하게 팬프라이 해 산나물, 들나물과 함께 궁합을 맞춰 내기도 한다. 그의 요리 속엔 무엇 하나 밋밋한 구석이 없다. 달큰하게 조린 처트니, 바삭하게 구워낸 크리스피, 과일즙으로 만든 소스 등 다양한 맛과 질감으로 짜임새가 있다. 이집 스테이크는 나이프로 잘라도 피가 전혀 흐르지 않고 핑크빛 속살을 자랑한다. 고기를 구운 뒤 휴식기를 알맞게 두었다가 서빙하기 때문. 구운 뒤 먹을 수 있는 부분만 골라 단정하게 잘라서 주는 것이 특징이다. 프렌치레스토랑답게 디저트가 참 알차게 나온다. 요구르트, 눅진한 브라우니, 명품홍차, 직접 만든 아이스크림 등 모두 환상적인 맛이다. *Recommended by SMS*

01　02　03

01 송아지 본매로우를 곁들인 달팽이요리　말랑한 송아지본매로우와 쫄깃한 달팽이에 버터와 마늘, 허브를 넣어 고소하게 볶아내고 치킨주스에 머스터드를 넣은 소스로 느끼함을 잡았다. 본매로우는 골수로 매우 부드럽고 농후한 맛이 좋아 서양에서는 버터처럼 빵에 발라먹기도 한다.
02 양정강이찜　양정강이에 와인과 허브, 채소를 넣고 이틀 동안 마리네이드한 다음 낮은 온도의 오븐에서 6시간 동안 서서히 쪄냈다. 장조림처럼 결대로 찢어지는 육질이 쫀득하면서도 부드럽고 눅진한 맛이 별미다.
03 파이반죽으로 감싸 구운 다진 오리고기와 푸아그라　프랑스 시골풍의 전채요리. 와인과 오렌지즙, 건자두, 건체리 등으로 버무린 오리고기와 푸아그라를 파이 반죽 안에 넣고 구워냈다. 푸아그라의 잡냄새와 느끼함은 달아나고 농후함이 가득하며 달착지근, 상큼 촉촉한 맛!

Chef 오세득

미국 명문 요리학교인 ICE에서 공부하고 뉴욕 맨해튼의 호텔 등에서 경력을 쌓은 뒤 2007년 줄라이를 오픈했다. 그의 요리철학은 자연과 진심이 담긴 건강한 요리. 날마다 새벽시장에서 구해온 이 땅의 신선한 식재료로 진심을 담아 요리하기에 날로 인기 상승 중.

INFOMATION

Tel	02-534-9545
Address	서초구 반포동 577-20번지
Open	낮 12시~오후 3시 오후 6시~10시 30분
Menu	와이즈코스 (점심 4만원, 저녁 8만원) 프리미엄코스 (점심 6만5천원, 저녁 10만5천원) 주말점심코스 3만5천~6만원 주말저녁코스 6만~8만원
Room	1개
Parking	발렛서비스

42
FRENCH

멋진 뷰에 걸맞는 완벽한 마리아주, 아름다운 미각의 세계
테이블 34
TABLE 34

높은 곳에 올라 멋진 경치를 내려다보노라면 마음이 참 넉넉해지곤 한다. 분위기 전환이 필요하거나 특별한 날을 기념하고 싶을 때 테이블 34에 가보길 추천한다. 이집은 인터콘티넨탈 호텔 34층에 위치한 레스토랑으로 서울의 전경을 내려다보면서 우아하게 프렌치음식을 즐길 수 있는 아름다운 곳이다. 2011년 미슐랭 그린가이드에 선정되었으며, 아시아레스토랑 안내책자인 밀레가이드에서 한국 최고의 Top 5 레스토랑으로 선정되기도 했다. 또한 세계적인 미식 가이드북 자갓(ZAGAT)에 소개될 정도로 그 권위를 인정받고 있다. 테이블 34는 세계적으로 명성이 자자한 레스토랑 디자인 회사, 토니 치 앤 어소시에이츠가 인테리어를 담당해 오픈한지 10여년이 넘었지만 아직까지도 세련된 분위기를 자랑한다. 이집은 창밖의 풍경 그자체도 훌륭한 인테리어다. 창가 테이블은 강남의 테헤란로 쪽과 봉은사 쪽이 있는데 낮에는 봉은사 쪽이 더 낫다. 예약을 서둘러 서북쪽 창가 자리를 잡으면 북한산과 봉은사가 내려다보이는 멋진 뷰를 제대로 감상할 수 있다. 날씨가 좋은 날에는 멀리 북한산까지 투명하게 보이는데 한 폭의 그림을 보는 듯 운치가 있다. 밤에는 강남의 반짝이는 불빛들로 낮보다 더 근사하다. 서울의 야경은 사실 파리보다 더 멋지다. 섬세하게 조리된 프렌치 음식과 함께 야경을 즐기노라면 에펠탑이 부럽지 않다. 게다가 위치상 접근성이 좋아 테헤란로 주변의 기업 임원이나 CEO들이 비즈니스 모임을 위해 즐겨 찾는다.

음식은 프랑스인 베르트랑 콤베 셰프가 조리장을 맡아 프랑스 본고장의 맛을 충실히 내고 있다. 어느 나라 음식이든 그 나라 출신의 셰프 만큼 제대로 해내기는 어려울 터. 요리 실연을 통해 발탁된 그는 프로방스 출신으로 갖가지 허브를 다양하고 색다르게 활용하며, 신선한 채소를 육류나 생선과 조화시켜 아름답게 담아내는 능력이 뛰어나다. 그의 요리는 눈으로 먹는 프랑스요리라는 말을 실감하기에 충분하다. 색감의 다채로움은 물론 식감을

잘 살려내 오감을 만족시켜 준다.

주중 메뉴들도 좋지만 주말과 공휴일에 여는 프렌치 브런치는 더욱 특별하다. 캐비어, 송로버섯, 푸아그라 등 세계 3대 진미부터 바닷가재, 농어 등 다른 곳에서 흔히 맛볼 수 없는 진귀한 프랑스 요리들을 만날 수 있다. 차가운 음식은 뷔페식으로 준비되어 원하는 만큼 가져다 먹고 메인은 테이블로 서빙 되어 편안하게 여유로운 시간을 만끽할 수 있다. 타르트, 팬테이크, 마블믹스아이스크림 등 프랑스식 디저트들도 맘껏 즐길 수 있다.

이집의 가장 큰 자랑거리로는 1200여병의 와인을 보관할 수 있는 국내 최대규모의 와인셀러를 들 수 있다. 와인셀러는 와인의 보관온도를 손님들도 직접 확인할 수 있도록 유리문으로 되어있어 그자체가 볼거리다. 원한다면 와인셀러로 둘러 쌓인 멋진 와인셀러석에서 와인을 즐길 수도 있다. 와인리스트를 보면 다른 곳에서는 쉽게 구할 수 없는 귀한 와인을 갖추고 있는데 특히 샤또 라투르 82년산 등 프랑스 5대 샤또를 고루 구비하고 있다. 프랑스어로 결혼을 뜻하는 마리아주(marriage)는 음식과 와인의 궁합을 나타내는 말이다. 우리나라 여성 소믈리에 1호인 엄경자 지배인이 상주하며 손님의 취향과 음식에 따라 와인을 추천하는 등 최고의 프렌치요리와 멋진 마리아주를 이루는 와인 선택에 뭐하나 부족함이 없다. *Recommended by SMS*

01　02　03

01 훈제장어와 푸아그라 테린　푸아그라테린에 장어 훈제한 것을 끼워 넣어 느끼함을 잡고, 두 가지의 다른 질감과 맛, 향을 함께 즐길 수 있다. 새콤달콤한 애플처트니와 같이 먹거나 곁들인 따뜻한 빵에 올려 먹어도 굿!

02 토마토 버터에 구운 바닷가재, 샤프론 에멀전　오버쿡 되지 않도록 마침맞게 잘 구워 탱글하면서도 부드럽다. 화려한 색감의 채소를 익혀 장식했다. 가벼운 거품소스를 곁들이고 샤프란 소스를 살짝 찍어 먹으면 특유의 샤프란 향이 어우러져 더 고급스러운 맛을 즐길 수 있다.

03 레몬-진저 커스터드와 바질 소르베　디저트에 잘 사용하지 않는 바질로 셔벗을 만들었다. 상큼하면서도 독특한 바질향이 의외로 입맛을 깔끔하게 정리해준다.

Chef 베르트랑 콤베

영국과 이탈리아, 중국 상해 등 세계 각국의 유명 호텔에서 경력을 쌓았다. 아시안의 정서와 문화를 이해하고 거기에 잘 맞는 프렌치요리를 선보인다. 프랑스인으로서 자기나라의 음식을 표현하는 재주가 남다른데 특히 오감을 만족시키는 아름다운 요리를 3개월에 한번씩 새롭게 선보이고 있다.

INFOMATION

Tel	02-559-7631
Address	서울시 강남구 삼성동 159-8 그랜드 인터컨티넨탈 호텔 서울 34층
Open	낮 12시~오후 2시30분 오후 6시~10시
Menu	런치세트메뉴 5만8천~9만7천원 디너세트메뉴 12만~22만원
Room	2개
Parking	그랜드 인터컨티넨탈 호텔 서울 주차장

씨에스알와인 theVINCSR이
제안하는 명품 와인의 조건

부티크 와인

사람들에게 좋은 와인이라고 알려진 '부티크 와인'이란 전통적으로 가족들이 운영하는 작은 규모의 와이너리에서 소량 생산되는 와인을 의미한다. 이런 부티크 와인의 범주에 들어가는 와인은 다양하지만 작은 빈야드에서 소량 생산되었다고 해서 꼭 퀄리티가 좋다고 할 수는 없다. 단지 와인 수입사들이 마케팅 포인트 수단으로 부티크 와인은 무조건 좋다라는 식으로 포장하였기 때문에 무조건 좋은 와인의 이미지가 굳혀진 것이다. 진귀하고 희귀한 와인을 일컫는 말로 진정한 부티크 와인을 표현할 때 미국에서는 '컬트 와인 Cult Wine', 프랑스에서는 '가라지 와인 Garage Wine'이라고 좀 더 정확하게 부르기도 한다.

부티크 와인에 대한 정의를 새로이 내리고 그에 합당한 와인을 고른다면 수많은 수입사들의 현혹에서 벗어나 진정한 컨템포러리 부티크 와인을 선택할 수 있을 것이다. 만약 진정한 부티크 와인을 제대로 고르고 싶다면 현재 부티크 및 컬트 와인 전문 수입사로서 가장 각광받고 있는 씨에스알와인 theVINCSR을 선택하는 것이 최선의 방법일 것이다. 새롭게 정의된 명품 부티크 와인의 몇가지 조건을 살펴보자!

명품 와인의 조건 1
화학적, 인공적 비료를 쓰지 않은 유기농 방식 재배

최고의 부티크 생산자들은 포도 본연의 맛에 집중하기 때문에 모든 화학적 비료와 제초제 사용을 철저히 배제한다. 이는 와인의 퀄리티를 끌어올리기 위해서라기보다 와인 본질의 맛에 최대한 가깝게 하기 위한 방법이다. 최근에는 단순히 유기농 Organic 방법뿐만 아니라 바이오다이나믹 Biodynamic 농법으로 한 단계 끌어올려 자연 그 자체로 와인을 양조하려는 부티크 와이너리들이 늘어나고 있다.

(왼쪽부터) **월터핸젤** Walter Hansel, **키슬러** Kistler, **HdV와인** Hyde de Villaine wines, **발데리즈** Valderiz

명품 와인의 조건 2
와인메이커의 뚜렷한 와인메이킹 철학

양조 철학은 와이너리 존재와 무관치 않으며 컨템포러리 와인Contemporary Wine의 핵심이기도 하다. 따라서 와인메이킹은 와이너리의 오너가 와인메이커Winemaker일 경우가 많다. 로버트 파커로부터 무려 14번이나 100점 만점을 받은 현존하는 최고의 와이너리 씨네쿼넌Sine Qua Non의 오너이자 와인메이커인 만프레드 크랑클 Manfred Krankl이 가장 철학적이면서 유니크한 와인메이커로 유명하다. 100점 만점을 받은 씨네쿼넌Sine Qua Non 와인 대부분이 가장 나쁜 자연환경에서 만들어졌다는 사실은 인간 승리 이상의 양조 철학을 엿볼 수 있는 대목이다.

(왼쪽부터) **씨네쿼넌** Sine Qua Non, **파비아** Favia, **크룹 브라더스 에스테이트** Krupp Brothers Estate, **텍스트북** Textbook

명품 와인의 조건 3
와인의 가치를 극대화하는 아트라벨

자연 그대로의 양조 방법과 철학적인 와인메이킹의 결과로 나타난 수준 높은 부티크 와인은 내용물뿐만 아니라 와인 라벨Label에도 그 의지를 반영하고 메시지를 전달한다. 아트라벨Art Label이 부착된 부티크 와인은 와인의 퀄리티 못지않게 오너의 철학적 모티브를 그대로 반영하고 있어서 와인의 가치를 더욱 극대화하며, 수집가들에게 첫 번째 수집 목록에 들어가기도 하고 이후 옥션에서 높은 가치로 재판매가 이뤄질 확률이 높다.

(왼쪽부터) **아뮤즈부셰** Amuse Bouche, **부첼라** Buccella, **마이클 몬다비 패밀리** Michael Mondavi Familiy, **콩스가르드** Kongsgaard

박지광 소믈리에의
와인 에티켓 강좌

기대와 즐거움의 공존, 와인은 문화다

Sommelier 박지광

전 Korea Wine Challenge 심사위원이자 현 부티크&컬트 와인 전문샵 뱅 드 부티크 수석 소믈리에로서 테이스팅 감각이 뛰어나다. 최상의 와인을 유지하기 위해 적절한 온도와 습도를 항상 체크 한다는 그는 부티크&컬트 와인 전문 샵으로서 와인 컨디션을 유지하기 위해 보관 및 관리에 많은 노력을 아끼지 않는다.

와인을 즐긴다는 것은 와인 자체가 아니라 관계를 즐기고 문화를 즐기는 것이다. 와인을 통해 분위기가 부드러워지고 이야깃거리가 만들어지며, 음식과의 매칭을 통해 다양한 맛의 변주를 느낄 수 있다는 점에서 와인은 아주 특별한 음료다. 그러나 대다수 와인 애호가들은 특정 와인에만 관심을 보이거나 특정한 품목에만 가치를 부여하고 자신의 입맛에 대한 호불호만을 가린다. 세상에는 수만 가지의 와인이 존재한다. 그러므로 최고의 가치를 갖는 와인이 단 수십 가지뿐이라고 확언할 수는 없다. 그보다 뛰어난 와인 역시 분명 존재할 수 있기 때문이다. 실패에 대한 두려움을 떨치고 모험심 가득한 와인 여행에 시간을 투자한다면 인생 최고의 와인을 만날 확률이 높고 현재보다 더 다양한 선택이 가능해질 것이다. 우연히 발견된 멋진 와인, 뛰어난 와인을 나만의 레시피처럼 간직하고 알려준다면 주변 모두를 행복 바이러스에 빠지게 하는 '비밀의 화원'과 같은 것이 될 것이다.

와인 지식에 대한 강박관념은 자칫 와인이 어렵다는 편견과 위화감을 줄 수 있다. 기본적인 에티켓과 상식을 통해 자연스럽게 와인을 이해한다면 훨씬 더 즐겁게 와인을 즐길 수 있을 것이나.

기본적인 와인의 범주는 알아두자

수만 가지나 되는 와인을 다 외울 수는 없다. 하지만 어떤 종류의 와인이 있는지 기본 상식만 알고 있다면 효과적으로 와인을 선택할 수 있다. 보통 와인의 종류는 범주로 묶어 기억하면 된다.

스틸 와인 Still Wine | 거품이 없는 와인을 말한다. 잘 알고 있는 레드Red, 화이트White, 로제Rose와인이 여기 속한다.

스파클링 와인 Sparkling Wine | 탄산가스를 용해시킨 와인. 프랑스는 샹파뉴Champagne, 크레망Cremant, 무쐬Mousseux, 이탈리아는 프란치아코르타Franciacorta, 발도비아데네Valdobbiadene, 스푸만테Spumante, 스페인은 카바Cava, 독일&오스트리아는 젝트Sekt라고 부른다.

강화 와인 Fortified wine | 일반 와인에 알코올 도수를 18% 이상으로 높인 와인을 말한다. 포트Port, 쉐리Sherry, 마데리아Maderia, 뱅두나뚜렐Vin Doux Naturel이 대표적이다.

스위트 와인 Sweet Wine | 마셨을 때 달다고 느껴지는 와인으로 식후 디저트

와인으로 이용된다. 소테른Sauternes, 뱅 드 빠이으Vin de Paille, 아이스와인 Ice Wine, 아우스레제Auslese, 베렌아우스레제Beeren Auslese, 빈산토Vin Santo, 트로켄베렌아우스레제Trockenbeeren Auslese, 레쵸토 델라 발폴리첼라Recioto della Valpolicella, 토카이 와인Tokaji Wine이 이에 속한다.

브랜디Brandy | 포도를 재료로 1차 발효를 끝낸 와인을 증류하여 만들어진 주류. 넓은 범위에서 와인의 범주에 속한다. 꼬냑Cognac, 아르마냑Armagnac이 있다.

그라빠Grappa | 이탈리아의 대표적인 증류주. 와인 양조 후 남은 포도 찌꺼기를 모아 고온으로 쪄내 증류한 주류다. 지역마다 다양하게 생산되며 지역의 고유 품종들로 만들어져 특색 있는 그라빠들이 많다.

(왼쪽부터) 스틸 와인, 스파클링 와인, 강화 와인, 스위트 와인, 브랜디

와인 선택에 자신이 없다면 전문가의 판단을 빌리자

알 수 없는 이름이 나열된 와인 리스트를 받아들었다고 해서 곤혹스러워 할 필요는 없다. 지식이 없다면 소믈리에나 매니저의 판단에 의지하면 된다. 단, 보다 정확한 추천을 받기 위해서는 몇 가지 알아두어야 할 사항이 있다.

1단계 | 가격대를 정한다.
2단계 | 레드 와인인지 화이트 와인인지 와인의 범주를 선택한다.
3단계 | 선호하는 지역을 이야기한다. 만약 선호하는 지역이 없거나 모른다면 좋아하는 스타일을 이야기한다. 스타일은 부드러운 와인인지, 강한 와인인지, 산미가 풍부한 와인인지, 단맛이 있는 와인인지 와인의 주 포인트가 있는 부분을 이야기하면 된다.
4단계 | 가격과 와인 범주, 스타일이 정해지면 2~3가지의 와인을 추천받는다.
5단계 | 추천한 와인의 라벨을 보고 세련되거나 품위가 있거나 조잡하지 않은 라벨을 선택한다면 성공 확률은 80%다. 라벨에 신경을 쓰는 것은 와인의 퀄리티에도 신경 쓸 확률이 높기 때문이다.

테이스팅은 와인을 즐기기 위한 통과의례다

와인 테이스팅은 통과의례다. 소믈리에나 매니저가 다가와 와인을 보여주며 테이스팅을 하겠냐고 물어볼 경우 얼떨 결에 그냥 달라고 하지 말고 꼭 테이스팅을 하도록 한다. 와인은 숙성되는 음료이고 보관 기간이 길다. 따라서 어떤 보관 환경이었느냐에 따라 와인이 변질 될 수도 있고, 와인을 막는 코르크에 의해 상할 수도 있다. 이런 리스크를 굳이 감수할 필요는 없다. 테이스팅 시 두 가지만 염두에 두면 된다. 첫째는 와인 상태 여부, 둘째는 현재 음용 온도가 맞는지 확인하는 것이다. 자신의 입맛에 맞는지 확인하는 것이 테이스팅이 아님을 명심하자. 아무런 문제가 없다면 "Good!" "Fantastic!" 등 쿨하게 의사 표현을 해주면 좋다.

와인을 마실 때는 '스월링'한다

와인을 마실 때는 와인이 공기와 섞여 향이 발산될 수 있도록 잔을 둥글게 돌려주어야 한다. 이를 '스월링Swirling'이라고 한다. 잔을 흔들면 공기와의 에어링을 통해 와인의 풍미와 맛이 더욱 살아나고 부드러워진다. 매 분마다 매 시간마다 와인의 향과 맛이 달라지기 때문에 수시로 스월링하면 다채로운 와인의 맛과 향을 느낄 수 있다. 스월링 시에는 오른쪽에서 왼쪽으로 놀리도록 한다. 와인을 자신의 몸 방향 안쪽으로 놀리면 와인이 넘치더라도 자신만 젖게 되어 상대방에게 피해가 가지 않는다. 와인 잔을 잡을 때는 스템을 쥐어야 온도가 변하지 않아 와인의 제맛을 즐길 수 있다.

와인에 따라 잔 모양도 달라진다

와인의 지역에 따라 품종에 따라 와인 잔 모양이 달라진다. 보통 보르도 글라스Bordeaux Glass, 부르고뉴 글라스Bourgogne Glass, 화이트 글라스White or Chardonnay Glass, 샴페인 글라스Champagne Glass, 이렇게 네 가지로 분류된다. 보르도 글라스는 보통 풀바디한 와인에 많이 쓰이는데 주로 카베르네 소비뇽, 메를로, 카베르네 프랑, 말벡, 네비올로 등의 포도종에 쓰인다. 탄닌이 풍부하고 강한 향을 지닌 와인들로 잔 모양이 굴뚝형 모양을 지녔다. 부르고뉴 글라스는 부드러운 바디를 지닌 와인에 주로 쓰이는데 이름에서 보듯 부르고뉴 지역 피노누아 품종에 특화된 글라스다. 화이트 글라스는 레드 글라스에 비해 크기가 작다. 화이트 와인이 차가운 온도에 마셔야 제대로 즐길 수 있는 와인이기 때문에

보르도 레드 와인 잔

부르고뉴 레드 와인 잔

화이트 와인 잔

큰 잔에 와인을 많이 담게 되면 마시기도 전에 와인의 온도가 올라가 상태가 적절하지 못하게 된다. 그러므로 작은 크기의 잔으로 서빙해 최적의 온도 상태로 조금씩 마시는 것이다. 대부분의 화이트 품종이 이 글라스에 서빙되지만 때로는 품종의 성격에 따라 약간씩 잔 크기가 다를 수 있다. 샴페인 글라스는 플룻형 글라스가 일반적이다. 올라오는 거품을 즐길 수 있는 글라스는 시각적인 즐거움을 준다. 파티용에 쓰이는 스파클링 와인은 넓은 잔에 마시기도 하는데 퀄리티를 즐기기보다는 기분을 내기 위해 마시기 때문에 축배용 잔으로 주로 사용한다.

와인을 받을 때 잔을 들지 않는다

와인을 받을 때는 잔을 들어 올려 받지 않고 테이블 위에 놓은 그대로 받는다. 상대방에 대한 예우와 나이 많은 분에 대한 공경의 의미로 두 손으로 잔을 드는 것이 우리의 주류 관습이지만, 와인은 잔을 들고서 받게 되면 와인을 흘릴 가능성이 많기 때문에 테이블에 놓은 채 받는다. 미안하고 몸 둘 바를 모르겠다면 두 손가락을 베이스에 살짝 대주는 것으로 충분한 예의를 표시할 수 있다.

와인에는 '첨잔의 법칙'과 '반잔의 법칙'이 있다

와인을 따를 때는 글라스의 반 정도를 채우거나 와인의 바디 혹은 볼이 제일 많이 튀어나온 곳까지 채우면 된다. 와인은 원샷을 하는 주류가 아니므로 항상 잔에 와인을 유지하면서 즐기도록 해야 한다. 다 마실 때까지 기다려 따라주는 것이 아니라 항상 적절하게 와인이 채워지도록 첨잔해야 한다. 한 가지 주의할 점은 서양의 모든 테이블 예절은 '레이디 퍼스트'라는 점. 와인을 서빙 시 항상 여성의 잔을 먼저 살피고 채워준다. 그 다음은 연장자 순으로 채워주면 된다.

오스피나 가문의 열정과
안데스산맥의 화산재 토양이
만든 최고의 걸작품

오스피나 커피

Rich in History, Rich in Flavor Ospina Coffee

오스피나 커피의 역사

오늘날 최고의 커피 생산지로 손꼽히는 남미 대륙. 에티오피아에서 시작된 커피가 이곳으로 들어오기까지 약 200여년의 시간이 걸렸다. 에티오피아에서 아랍 국가로 전파되었고, 아랍 상인들에 의해 이탈리아 베네치아로 그리고 프랑스로 전해졌다. 당시 프랑스령이던 카리브 해 연안에 심은 커피 묘목이 자메이카, 콜롬비아, 브라질 등 남미 대륙으로 들어산 시섬이 1800년대에 이르러서나. 드디어 커피가 최적의 환경을 만난 것이다. 적도 부근에 위치한 이 나라들은 기온이 사시사철 일정해 커피 재배에 제격이고 특히 고도가 높은 곳은 기후가 서늘하고 비옥한 화산재 토양으로 이루어져 완벽한 조건을 갖추고 있었다. 콜롬비아 태생인 오스피나 커피의 역사가 시작된 것도 이때다.

오스피나커피는 1835년 설립된, 세계에서 가장 오래된 오스피나 가문 소유의 커피 회사다. 콜롬비아 커피의 선구자인 마리아노 오스피나 로드리게스씨는 세계에서 가장 맛과 향이 좋은 커피를 생산하고 싶다는 비전을 품고 커피 농사에 최고로 적합한 땅 안티오키아의 우거진 산간지역을 찾아내 커피 영농을 시작했다. 이곳은 해발 5천~7천5백피트의 안데스 고산지로 지금까지 약 5만 에이커의 드넓은 지역에 커피를 재배하고 있다.
오스피나 가문은 그와 그의 아들, 손자까지 3명의 대통령과 중앙은행 설립자, 콜롬비아 커피재배조합 설립자 등을 배출한 커피의 명문가문으로 대를 이어져 오고 있다.

100% 수가공으로 만든 명품 커피 오스피나

5대에 걸친 오스피나 가문의 커피에 대한 열정으로 만들어낸 최고의 걸작품 오스피나 커피는 안데스 산맥의 해발 2000m가 넘는 고원에서 자연 친화적 방식으로 재배한 최상급 아라비카 티피카 원두로 만든다. 커피가 아라비아지방에서 유래된 이유로 오리지널 커피 종자의 이름을 '아라비카'라고 하는데 그중에서 가장 오리지널한 품종을 일컬어 '아라비카 티피카'라고 한다. 오스피나커피는 이 아라비카 티피카 품종만 100% 사용한다. 그늘 막에서만 자라는 아라비카 티피카 커피열매는 햇볕에 노출이 적어 카페인이 아주 낮고 자극적이지 않아 많이 마셔도 부담이 없으며 심장병, 당뇨, 소화계통에 도움이 된다. 오스피나 커피는 아라비카 티피카 원두를 일일이 손으로 수확하여 안데스의 맑은 계곡물로 씻고 햇볕에 잘 말린 후 맛있게 구워낸 100% 수가공 커피로 세계 최상급 품질로 인정받고 있다. 커피로서는 유일하게 "Premier Grand Cru" 칭호를 받고 Trade Mark를 등록했다. 이 칭호는 세계 수많은 와인 중에서 오직 5대 프랑스 명품 와인을 만드는 샤토에게 주어진 바 있다. 또한 글로벌 명품 잡지 Robb Report로부터 2004년, 2005년, 2007년 세 차례 Best of the Best 명예의 상을 수여 받았다. 세계시장에서 현재 팔리는 커피 중에 한번이라도 이 상을 받은 커피는 없었다. 세계 명품 기호식품 판매회사 Dean & Deluca에서 판매하는 자사 브랜드가 아닌 유일한 커피이기도 하다. **구입처** www.ospinacoffee.co.kr

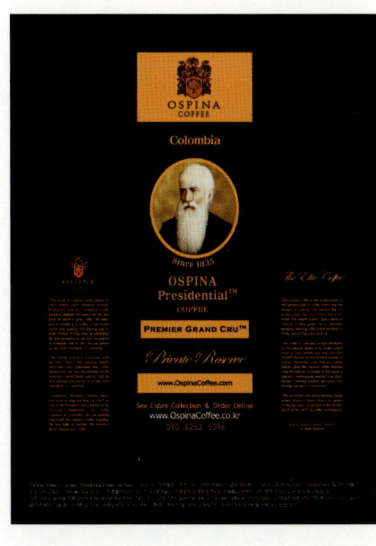

INDEX

ㄱ

가스트로통	172
고매	12
고상	16
그란구스또	60

ㄴ

남베101	88

ㄷ

다담	20
더 그릴	92
더 믹스드 원	96
더 키친 살바토레 쿠오모	64
도쿄 사이카보	116

ㄹ

라 싸브어	180
라미띠에	176
라 쿠치나	68
랩 24	184
레스쁘아 뒤 이부	190

ㅁ

몽중헌	152
미 피아체	72

ㅂ

백리향	158
보르 드 메르	100
본 뽀스또	76
빌라 소르티노	80
쁘띠끄 블루밍	84

ㅅ

삼청각	26
손수헌	32
수엔	148
슈치쿠	120
스시선수	126
스시조	130
시화담	36
싱카이	162

ㅇ

엔그릴	194
엘본 더 테이블	106
우오	134
이사벨 더 부처	110

ㅈ

정식당	42
줄라이	198

ㅋ

키사라	140

ㅌ

테이블 34	202

ㅍ

품	46
필경재	52

ㅎ

하카타 타츠미	144
홍연	166

GOURMET
PARADIS

초판 1쇄 발행 | 2013년 2월 20일
2쇄 발행 | 2013년 4월 3일
발행처 | (주)아이리치코리아
발행인 | 김말주
주소 | 서울 강남구 도곡동 467-24 우성캐릭터 1902호
신고번호 | 제2012-000385호
등록일자 | 2012년 12월 10일
편집문의 | T.02-545-7058 F.02-757-4306
마케팅문의 | T.02-545-7058 F.02-757-4306

STAFF
지은이 | 손문선, 신동민
Chief editor | 정수정
기획 | 김말주
디자인 | 더페이지커뮤니케이션 T.02-518-5417
사진 | 홍인근 Tube Studio T.02-545-7058

이 책은 저작권법에 따라 보호받는 저작물입니다.
이 책에 실린 글과 사진은 (주)아이리치코리아 출판사의
동의없이 무단전재나 복제를 금합니다.
ISBN 978-89-98584-00-9 13000

VivaLuce
비바루체

강남역, 격조 있는 분위기의 특별한 라이브 뷔페
비바루체 4인당 1인 무료 상품권

GOURMET PARADIS

비바루체 4인당 1인 무료 상품권

· 본 이용권은 2013년 12월 31일까지 사용가능합니다.
· 본 이용권은 4인~8인까지만 사용가능합니다. (단체 사용 불가)
· 본 이용권은 타 쿠폰과 중복 사용할 수 없습니다.
· 보다 섬세한 문의는 아래로 연락주시기 바랍니다.
  (02-3466-3355)

INFORMATION

Tel	02-3466-3355
Address	서울 강남구 역삼동 826-20 대륭강남타워 B1
Homepage	www.vivaluce.kr
Open	오전 11시 30분~오후 10시
Room	6개
Parking	2시간 무료